Stephan J. Spehl

Lifehacks für Jurastudium und Examen

Lifehacks für Jurastudium und Examen

Herausgegeben von

Dr. Stephan J. Spehl, LL.M.
Rechtsanwalt
Attorney at Law (New York)

2021

C.H.BECK

www.beck.de

ISBN: 978-3-406-76812-5

Wilhelmstraße 9, 80801 München

Druck und Bindung: Druckerei C.H. Beck Nördlingen

Satz: Fotosatz Buck,
Zweikirchener Str. 7, 84036 Kumhausen

Umschlaggestaltung: Nadine Bernhardt, Grafische Angelegenheiten, München
Umschlagbild: © filo – istockphoto.com

CO_2 neutral

chbeck.de/nachhaltig

Gedruckt auf säurefreiem, alterungsbeständigem Papier
(hergestellt aus chlorfrei gebleichtem Zellstoff)

Inhalt

Wer sollte das Buch nicht kaufen? – Statt eines Vorwortes . 9

1. Teil
Lifehacks für Jurastudium und Examen *(Spehl)*

Gründe es sich schwer und nicht leicht zu machen 13
Ist das Jurastudium schwierig? 13
Was spornt Dich am meisten an? 15
Verschiedene Blickwinkel zur Verbesserung der Ergebnisse 17

Der Schlüssel zum Erfolg – üben, üben, üben 20
Die 10.000-Stunden-Regel 20
Muskelhypertrophie statt leicht gemacht 21
„Work on your weaknesses" 23

Wachstumsbooster und andere Trainingsinstrumente ... 25
„Wovon man nicht sprechen kann, darüber muss man schweigen" 25
Visualisierung des Furcht einflößenden Gesamtstoffes hilft 26
Was würde ich prüfen, wenn ich Prüfer wäre? 27
Gar nicht lernen, nachlernen, vorlernen und vor- und nachlernen 28
Gamification/Challenges 29
Durch Klausuren durchzufallen ist gut, wenn 30

Return on Investment – ganz konkret 33
Fundstellen lesen – Jugend vor Alter 33
(Ausbildungs-)Zeitschrift unbedingt früh abonnieren . 33
Kaufe juristische Bücher 34

Die Herausforderung „Zeit“ 35
Zur Zeiteinteilung – think big 35
Stelle nie einen Wecker 36

Den richtigen Umgang pflegen 37
Meidet die (selbsternannten) Examensexperten 37
Fünf Freunde sollt Ihr sein 38
Der Stadtwechsel 39

Bessere Entscheidungen treffen 40
Fast zu guter Letzt – die Millennial-spezifische Bedrohung: das Smartphone 40
Rituale – An der Grenze zur Neurose? 40
No FoMO – Du verpasst nichts 41

2. Teil
Mit erprobten Lifehacks den eigenen Weg finden

Von Frustration zu Motivation *(Andreas Aigner)* 45

Der eigene goldene Weg *(Tobias Beck)* 50

Zähmt den Herdentrieb! *(Carsten Bork)* 56

Der Puffertag als Überraschungstüte *(Daniel Bunsen)* 60

In the end *(Chantal Chassein)* 64

Handy ins Schließfach *(Gwen Sophie Deibel)* 73

Skripte – Do it yourself *(Jennifer Deschins)* 78

Der Beginn einer wunderbaren Freundschaft *(Alexander Dietrich)* 83

Vom relativ gut sein *(Marc Dümenil)* 87

Kleine Kinder – große Sorgen *(Katja Glaß)* 90

Höre auf Dich *(Julia Grolla)* 94

Shoot for the moon *(Aina Hannisa)*...................... 98

Fünf Zusammentreffen mit Student X *(Konrad Hildebrand)* 106

Der sich lohnende Marathon *(Valerie Holsboer)* 111

Erklärungskreise *(Carlotta Jung-Arras)*................. 116

Be your Chief Emotional Learner *(Clarissa Käfer)* 121

Neue Sprache *(Jil Kalender)* 126

Häppchen *(Leonhard Kappenhagen)*....................... 130

Motivation durch Praxis *(Fabian Kissenkötter)* 135

Viele Wege führen zum Ziel *(Oliver Köhler/Simon Kirschner)* 140

Auf dem Regenbogen zum Erfolg *(Christoph P. von Laufenberg)*.. 145

Ich schaff' das schon *(Julia Sophia Leinauer)* 150

Ausdauer *(Maxi Ludwig)*................................. 158

Wie man auch mit wenig Wissen schöne Definitionen bildet *(Moritz Nickel)*....................... 162

Vom Suchen und Finden eines eigenen Weges *(Sebastian Pfrang)*.. 166

Vom A und O im Jurastudium und vom Wandern zum Examen *(Amelie Räpple)*........................... 175

Dropsets – die abnehmende Belastung *(Tobias Rapp)* 180

Geben und Nehmen *(Louise Rettweiler)* 184

Strukturwissen versus Inselwissen *(Sebastian Rogge)* ... 188

Klausuren lesen, nicht lösen *(Rebecca Romig)* 193

Drei (un-)orthodoxe Empfehlungen für ein entspanntes und erfolgreiches Jurastudium und Examen *(Thomas Sagstetter)* 199

Schrödingers Patentrezept *(Helena Thiel)* 204

Nichts für Langschläfer *(Eva Viethen)* 210

Eine Frage der Ehre, Marie Kondo und die 4-Tage-Woche *(Isabell Weaver)* 216

Zehn gemischte Hacks für das Jurastudium *(Max Wehmeier)* 220

Failing to plan is planning to fail *(Leonie Wittershagen)* .. 225

Wer sollte das Buch nicht kaufen? – Statt eines Vorwortes

Du[1] liest online bei „Blick ins Buch" das Vorwort. Du solltest das Buch nicht kaufen, wenn

- Dir seit Beginn des Jurastudiums Selbstzweifel fremd sind, Dein Klausurenschnitt zwölf Punkte beträgt und Dir Prüfungen leicht von der Hand gehen. Diese Qualifikation ist nicht ironisch gemeint. Es gibt diese Jurastudenten[2] – schätzungsweise 3 %.
- Du fest entschlossen bist, das Studium ohnehin abzubrechen. Deine wahre Berufung ist die Medizin (demnächst wirst Du einen Studienplatz erhalten) oder die Architektur. Das Jurastudium war von vornherein ein Fehler, es hat Dir nicht einmal im Ansatz Spaß gemacht.

Alle anderen, die sich von einem der folgenden Bilder angesprochen fühlen, sollten das Buch kaufen:

- Du verbringst zwölf Stunden pro Tag in der Bibliothek. Der Erfolg bleibt aus. Du weißt nicht, warum.

1 Ich habe lange überlegt, ob „Sie" oder „Du" die richtige Ansprache ist: „Du" kann anmaßend, plump oder kindlich wirken. „Sie" in seiner Distanziertheit wirkt oft besser: Letztlich habe ich mich trotz aller Nachteile für „Du" entschieden. Die Eindringlichkeit kommt besser zum Ausdruck. Mein Leitbild ist das eines Trainers/Coaches, der sagt „spring höher" und nicht „springen Sie höher".
2 Aus Gründen der besseren Lesbarkeit und sprachlichen Vereinfachung wird in den meisten Beiträgen auf die gleichzeitige Verwendung der männlichen und weiblichen Form der Bezeichnungen „Jurastudent", „Jurist" etc. verzichtet. Sie gelten gleichwohl für beiderlei Geschlecht.

- Du warst ein guter Schüler und bist verblüfft, warum Du nun mit drei oder vier Punkten in einer Klausur konfrontiert wirst.
- Es gibt hartnäckige Stellen oder Themengebiete, ähnlich einer Plaque, die Dir Angst machen. Bei dem einen ist es das Hypothekenrecht, bei dem anderen das konstruktive Misstrauensvotum. Vor einer Klausur hoffst Du, „ich hoffe, xyz kommt nicht dran" oder „bloß kein xyz-Recht".
- Du schaust bewundernd auf Kommilitonen, denen die Juristerei scheinbar leicht von der Hand geht, ähnlich einem Musiker mit absolutem Gehör oder einem Athleten mit positiver genetischer Disposition. Haben die es einfach. Neid und Fatalismus nehmen zu. Du bist der Meinung, „das Talent fehlt mir". Das Pendant zu „ich bin nicht musikalisch" ist „ich kann kein Jura".
- Du dachtest, der Knoten sei geplatzt. Mehrmals hintereinander hast Du schöne zweistellige Ergebnisse in Klausuren und Hausarbeiten erzielt. Im Kreis Deiner Kommilitonen giltst Du als Autorität. Plötzlich in zwei Klausuren hintereinander (im sechsten Semester) durchgefallen. Zweifel – „Kann ich mir denn nie sicher sein?" – kommt auf.
- Du bist bereit, intensiv und lange zu lernen. Du weißt aber nicht, wie. Wenn Du zwei Stunden in der Bibliothek warst, geht Dir die Luft aus. Die Lektüre ist langweilig. Du hast das Gefühl, Du trittst Wasser, statt zügig voran zu schwimmen.

Klingt eines dieser Szenarien vertraut? Dann ist dieses Buch für Dich. Bei der Arbeit an diesem Buch hatte ich zwei Gedanken. Erstens, ich wünschte mir, ich hätte während meines Studiums so einen Leitfaden gehabt. Zweitens, konkrete kleine Hilfestellungen, Tricks, Hacks, Gewohnheiten und Tipps sind wertvoller als konzeptionelle, sphärische Ratschläge. Statt „arbeite diszipliniert" heißt es „zwei Seiten Medicus pro Tag sind besser als fünf Seiten pro Tag" (dazu später mehr).

1. Teil
Lifehacks für Jurastudium und Examen

(Spehl)

Gründe es sich schwer und nicht leicht zu machen

Ist das Jurastudium schwierig?

Ja und nein. 2018 haben in Bayern 2.798 Prüflinge an der ersten juristischen Staatsprüfung teilgenommen. 797 haben nicht bestanden, das sind 28,48 %. Die deflationäre Notengebung der Juristen ist über Juristenkreise hinaus bekannt. Die Anzahl der Studienratgeber (gedruckt und online) ist hoch, durch dieses Buch wird sie noch erhöht. Also muss das Fach schwierig sein. Ist es nicht. Eine willkürliche, aus dem Internet kopierte Übungsklausur für Anfänger in Informatik für Maschinenbau:

1. „(Schreiben Sie ein C-Programm, das eine Zahl *x* per *scanf()* einliest und die Fakultätszahlen aufsteigend von *1!* bis *x!* berechnet und per *printf()* ausgibt! Die Berechnung soll nach der Vorschrift $n! = 1 \cdot 2 \cdot 3 \ldots \cdot n$ erfolgen.
2. Geben Sie an, ob Sie eine iterative oder eine rekursive Berechnung implementiert haben!“

Hier eine Probeklausur für Anfänger aus dem ersten Semester Jura:

„Der Geschäftsmann G entdeckt im Katalog des Versandhauses Q eine Aktentasche, Modell ‚Null 15‘ zum Preis von EUR 69,–. Beim Ausfüllen der beigefügten Bestellkarte unterläuft G jedoch ein ärgerliches Versehen: Er schreibt ‚Null 815‘.

Dieses Modell ist ebenfalls im Sortiment des Q vorhanden und kostet EUR 169,–. Versandhaus Q liefert eine Woche später die Aktentasche ‚Null 815' an G aus, der seinen Irrtum sofort bemerkt und postwendend eine E-Mail an Q verfasst, er wolle den Kauf rückgängig machen, da er sich in der Bestellnummer geirrt habe. Q verlangt Bezahlung des Kaufpreises oder zumindest Schadensersatz in Höhe der Versandkosten sowie Rückgabe der gelieferten Tasche. Sowohl auf der Bestellkarte als auch auf der Rechnung des Q findet sich der Hinweis, dass die Ware bis zur vollständigen Bezahlung im Eigentum des Q verbleibt.

1. Hat Q einen Anspruch auf Zahlung des Kaufpreises?
2. Kann Q Zahlung von Schadensersatz in Höhe der Versandkosten verlangen?
3. Hat Q einen Anspruch auf Rückgabe und/oder Rückübereignung der gelieferten Aktentasche?"

Was ist schwieriger? Die Frage stellen heißt sie beantworten. Selbstverständlich die Klausur für die Maschinenbauer. Wer keine Affinität und Begabung für Mathematik oder Informatik hat, wird sich die Klausurlösung nicht erarbeiten können. Ganz anders die BGB-Klausur. Sie ist machbar. Selbst Nichtjuristen werden die Musterlösung nachvollziehen können.

Warum aber dann die Probleme vieler Studierender? Wegen der vermeintlichen Leichtigkeit. Jura wird unterschätzt. Die Verständlichkeit lullt ein und macht schläfrig. Es ist letztlich doch schwerer als gedacht, aber machbar. Zurück zur Ausgangsfrage:

Jura ist leicht, wenn es sich der Studierende schwer macht. Wie man es sich schwer macht, zeigt dieses Büchlein, ähnlich einem Trainingsprogramm für Athleten.

Was spornt Dich am meisten an?

Herkömmlicherweise werden folgende Lerntypen unterschieden: Der auditive, visuelle, kommunikative und medienorientierte Lerntyp. Oft werden diese Erkenntnisse durch die banale Aussage „Mischtypen sind die Realität" noch mehr banalisiert. Bei Jurastudenten tritt folgender fatale Effekt auf: Infolge einer Selbstanalyse erklärt sich der Student zum visuellen Lerntypen, der dann mehr oder weniger kategorisch den Vorlesungsbesuch streicht und deklamiert: „Ich, visueller Typ, lerne am besten aus Büchern." Der Student beraubt sich seiner wertvollen Quellen – der Betrachtung von allen Seiten – und erhebt sich arroganterweise über ein bewährtes universitäres System. Doch der Reihe nach. Die Frage, auf welchem Weg lerne ich am leichtesten, ist falsch gestellt. Vielleicht muss der schwerste Weg gewählt werden. Der visuelle Typ muss viel zuhören, eben weil es ihm schwerer fällt, und nicht das Zuhören meiden.

Viel wichtiger als die Frage, wie erleichtere ich mir etwas, ist die Frage, wie motiviere ich mich, auch schwierigere Herausforderungen anzunehmen.

Beispiel: Die Herausforderung besteht darin, in vier Tagen das ungeliebte Baurecht zu lernen. Ungeliebt ist es deshalb, weil der Student erkrankt war, als in der Vorlesung „Besonderes Verwaltungsrecht" das Baurecht behandelt wurde, und er/sie Öffentliches Recht ohnehin nicht sonderlich mag. „Ich muss also Baurecht lernen. Wie bringe ich mich dazu?" Gretchen Rubin[1] hat ein verblüffendes System entwickelt. Sie konstatiert, dass wir mit äußeren Erwartungen an uns konfrontiert sind (Abgabe der Hausarbeit zu einem bestimmten Zeitpunkt) oder inneren Erwartungen (Baurecht lernen oder den Vorsatz, zum neuen Jahr nicht mehr zu rauchen). Wie wir

1 Absolventin der Yale Law School und erfolgreiche Autorin von „The Happiness Project".

darauf reagieren, hängt davon ab, welcher Typ wir sind. Sie unterscheidet vier Typen, deren englische Bezeichnung ich beibehalte, da sie durch eine Übersetzung nur an Prägnanz verlieren würde:

„Upholders"	Ich tue das, was man (einschließlich mir selbst) von mir erwartet.
„Questioners"	Ich mache es, wenn ich es für sinnvoll halte. Wenn nicht, dann nicht.
„Obligers"	Wenn man mir etwas aufträgt, mache ich es. Ich lasse andere nicht im Stich. Kann aber sein, dass ich mich selbst im Stich lasse.
„Rebels"	Ich mache, was ich will. Wenn man mich zwingt, etwas zu tun, das klappt gar nicht.

Gehe auf die Webseite www.quiz.gretchenrubin.com und mache dort den Test. Je nach Ergebnis sollte das Anreizsystem ausgestaltet werden. Wohlgemerkt nicht das Lernsystem.

Gut weg kommt der *Upholder*. Sein Anreizsystem stimmt – zumindest auf das Jurastudium bezogen.

Der *Questioner* stellt alles in Frage. Wenn er es für überholt hält, Reichsgerichtsentscheidungen zu lesen oder Baurecht zu lernen („Warum ist das relevant?"), dann weigert er sich. Die Aufgabe für den Jura studierenden *Questioner* wird es sein, konstruktive Fragestellungen und Antworten zu finden. Warum ist es sinnvoll, Baurecht zu lernen? Gerade weil es so lange nicht mehr geprüft worden ist, könnte es nun wahrscheinlich geprüft werden.

Der *Obliger* ist wohl der häufigste Typ unter den Jurastudenten und derjenige, dem am besten geholfen werden kann. Er war ein guter Abiturient. Er musste lernen und hat auch gelernt. Die „Freiheit" des Jurastudiums überfordert ihn, aber er muss seine Zwänge selber finden. Er muss sich eine Arbeitsgruppe schaffen, die sich jeden Donnerstag um 16:00 Uhr trifft und jeder muss versprechen, zu einem Thema aus dem Baurecht zu referieren. Er muss Druck von außen aufbauen. Albern? Der Zweck heiligt die Mittel.

Der *Rebel* kämpft gegen Erwartungen. Das Jurastudium ist schwierig für ihn. Je mehr ihm vorgeschrieben wird, was er zu tun hat, desto schwieriger wird es für ihn. Wählt er allerdings selbst ein (durchaus schwieriges) Seminarthema, kann er über sich hinauswachsen und gute Ergebnisse liefern. Der Hang zur Originalität und zur Differenzierung ist hoch. Der *Rebel* kann sich selbst motivieren und austricksen, indem er sich differenziert. „Niemand lernt von 0:00 Uhr bis 5:00 Uhr. Ich schon." Nicht einfach, aber machbar.

Das Quiz von Gretchen Rubin zeigt, wir gehen alle mit Erwartungen unterschiedlich um. Jeder sollte herausfinden, was für ihn die beste Methode ist und dann sich selbst manipulieren. Die Selbstmanipulation hat nichts mit der Frage zu tun, wie lerne ich am besten/leichtesten. Geschickt angewandt führt sie sogar dazu, dass der sich selbst Motivierende die schwerste Methode wählt.

Beispiel: Der *Rebel* will es allen zeigen, indem er ein Seminar im römischen Recht belegt. Obgleich er ein mehr akustischer Typ ist (was immer er in Vorlesungen hört, versteht er rasch), ist er in der Lage, eine mühsame Exegese einer komplizierten Quelle erfolgreich anzugehen.

Verschiedene Blickwinkel zur Verbesserung der Ergebnisse

Es ist immer wieder verblüffend, welche guten Ergebnisse Studenten erzielen, wenn ein Thema im Examen zu behandeln ist, das zuvor einmal ein Thema oder Teilthema einer Hausarbeit war.

Ein Examen in Baden-Württemberg in den 90er Jahren hatte eine Abwandlung des berühmten Zuckerfalles (RGZ 135, 75; 138, 268) zum Gegenstand. Diverse Studenten, die sich in einer Hausarbeit vor zwei/drei Jahren mit dem Problem des Nebenbesitzes[2] beschäftigt haben, schnitten überdurchschnittlich ab. Die Erklärung ist einfach. Sie hatten das Problem des Nebenbesitzes von vielen Seiten aus beleuchtet, in der Bibliothek darüber gesprochen und diskutiert. Sie hatten Erinnerungen geschaffen. Jeder weiß, wie hitzig, schmerzhaft und antagonistisch die Diskussion und Abfassung von Hausarbeiten verläuft. Welch angenehmer Nebeneffekt: Die darin diskutierten Rechtsprobleme „sitzen". Das Phänomen erinnert an den Brauch im Mittelalter, bei der Legung von Grenzsteinen einen Bub mitzunehmen und ihm währenddessen Ohrfeigen zu verpassen. Er erinnert sich sein ganzes Leben an den Grenzstein.

Selbstverständlich kann kein Student über alle relevanten Examensprobleme eine Hausarbeit schreiben. Wenn man die aktuelle Auflage des Medicus mit seinen über 500 Seiten als Aufhänger nähme und pro Seite drei relevante Examensprobleme annimmt, käme man auf 1.500 Probleme. Unvorstellbar. Nicht umsonst vermerkte Großfeld,[3] „Wer soll das alles wissen?", und Medicus nahm die Frage im Vorwort zur 19. Auflage auf. Gleichwohl: Im Medicus werden ca. 50 „wichtige Entscheidungen" auf den letzten Seiten seines Buches besprochen. Ich schlage folgende Kaskade vor:

1. Die Kurzzusammenfassungen bei Medicus lesen.
2. Die Entscheidungen nachlesen.
3. Die Entscheidungen und eine Besprechung (deren Fundstellen alle im Medicus zu finden sind) lesen.

2 Vgl. nur Medicus/Petersen, Bürgerliches Recht, 27. Aufl. 2019, Rn. 558 und die vier Literaturstellen; im Folgenden „Medicus".
3 JZ 1992, 22

4. Wie 3. plus zwei Fundstellen (idealerweise konträr) lesen.
5. Wie 4. plus Diskussion in einer Arbeitsgemeinschaft.

Das zuletzt genannte Projekt kommt einer Hausarbeit am nächsten. Das Projekt – ich habe es selber versucht – nimmt zwei Wochen in Anspruch. Ein fantastisches Projekt für die vorlesungsfreie Zeit. Zeitaufwändig, aber das Ergebnis ist ein solides Gerüst.

Der Schlüssel zum Erfolg – üben, üben, üben

Die 10.000-Stunden-Regel

Wenn ich der Internetrecherche traue, hat der Autor Gladwell die 10.000-Stunden-Regel zwar nicht erfunden, aber positiv verstärkt. Sie besagt, dass ein Schlüssel zum Erfolg, insbesondere im Sport, darin liege, 10.000 Stunden zu üben. Die 10.000-Stunden-Regel wurde in der Folge vielfach kritisiert und als Mythos abgetan. In der Tat, die vollmundige Behauptung „ten thousand hours is the magic number of greatness" lässt etliche Faktoren außer Acht: Persönlichkeit, Intelligenz, Alter, in dem die Übung begann. Dessen ungeachtet halte ich sie für Jurastudierende für ein ausgezeichnetes Modell, um die Motivation zu fördern.

Brechen wir die 10.000 Stunden herunter. Gehen wir von vier Jahren Studium aus, sind dies 2.500 Stunden pro Jahr, also knapp 7 Stunden pro Tag. Zuviel? Wahrscheinlich etwas, aber nicht allzu viel. Ein hart arbeitender Anwalt, der nach Stunden abrechnet, kommt auf ca. 1.800 Stunden pro Jahr. Man weiß, dass ca. 40 % der Arbeitszeit für die Stundenabrechnung nicht berücksichtigt werden können (Essen, Schwatz mit Kollegen etc.). Es kommen also ca. 700 Stunden zu den 1.800 Stunden dazu, so sind wir wieder bei den 2.500 Stunden. Selbst wenn man die Parameter ändert und statt vier Jahren mit fünf Jahren rechnet und einberechnet, dass die Arbeitsbelastung in den ersten beiden Semestern nicht so hoch sein muss, zeigen die Überlegungen, dass viel geleistet werden muss, und zwar am besten täglich. Warum täglich? Die unterschätzte Gefahr im Jurastudium besteht darin, dass der Examenstermin selbst gewählt werden muss. Während der Oberstufenschüler exakt weiß, „im März 2023 sitze ich in der Abiturprüfung", hat es der Jurastudent mit einem Termin zu tun, den er selbst setzt. Daran ändern auch die Regelstudienzeit und der Freischuss nichts.

Hier ist der Trick: Ein Student im zweiten Semester 2020 sollte sich sagen: „Am 3. Juli 2023 werde ich im Examen sitzen und muss eine Menge Stoff gelernt haben." Jeder Tag zählt, aber es ist machbar. Eine einfache Kontrollüberlegung: Nimmt sich jemand am 1. Januar eines Jahres vor, im gesamten Jahr 3.650 Liegestütze zu absolvieren, stellt das – fängt er im Dezember an – eine Last von fast 120 Liegestützen pro Tag dar, nicht unüberwindlich, aber doch etwas ganz anderes, als wenn der Proband die Last über 365 Tage (also zehn Liegestütze pro Tag) verteilt hätte.

Daher der eindringliche Rat, die Zeit schon anfangs zu nutzen. Der Ratschlag, man müsse zu Beginn des Studiums nicht oder wenig lernen, da „man ohnehin alles erst vor dem Examen lernt", ist falsch und gefährlich.

Muskelhypertrophie statt leicht gemacht

Unter Muskelhypertrophie versteht man die Größenzunahme eines Muskels als kompensatorische Reaktion auf erhöhte Belastung. Früher eine Geheimwissenschaft der Bodybuilder der 60er Jahre, heute jedem Freizeitsportler geläufig. Salopp gesagt: Es muss weh tun, nur dann kommt die Stimulation. Das Zauberwort heißt „time under tension". Ein schnelles, hastiges, Reize vermischendes Training führt nicht zum

Ziel. So sehr dieses Konzept dem Freizeitsportler bekannt ist, umso mehr verblüfft, dass ein Großteil des Ausbildungsmarktes (insbesondere online) darauf zielt, es „leicht“ oder „einfach“ zu machen. Aus dem Blickwinkel des Anbieters ist das Konzept nachvollziehbar. Er setzt auf die Anziehungskraft des „Mühelos-zum-Erfolg“, ganz wie Abnehmkurse und -bücher. Akademiker sollten das durchschauen. Mühelos ist erfolglos. Bei welchem Studenten bleibt mehr „hängen“? Bei demjenigen, der die Problematik des Erklärungsbewusstseins kurzerhand im Skript einfach erklärt bekommt (Lesezeit 15 Minuten) oder demjenigen, der es in ca. zwei Stunden in *Flume*, Allgemeiner Teil des Bürgerlichen Rechts, *Neuner*, Allgemeiner Teil des Bürgerlichen Rechts und BGHZ 91, 324 liest. Insbesondere BGHZ 91, 324 ganz zu lesen, das heißt in der Bibliothek aufzustehen, den Band zu holen und vollständig, einschließlich des Tatbestandes zu lesen, führt zu anderen, besseren Ergebnissen als das Ergebnis mühelos als „convenient food“ aufbereitet zu bekommen. Ich halte es für ausgeschlossen, dass der Konsum der Skriptenkonserve zum gleichen Ergebnis führt wie das Studium der drei genannten Quellen. Ganz einfach, weil die „time under tension“ fehlt. Die drei Quellen sind nicht einfach zu verstehen. Ich habe den Selbstversuch unternommen. Als Anwalt mit dreißigjähriger Berufserfahrung habe ich für die Lektüre von BGHZ 91, 324 fast zwei Stunden gebraucht.

Woran liegt das? Rechtsanwalt Thomas Ritter hat in einem lesenswerten Aufsatz „Zeithonorarabrechnung und Lesegeschwindigkeit“[1] die Essenz anwaltlichen Lesens herausgearbeitet. Lesen ist Kampf. Es ist aktiv. Es ist Vor- und Zurückblättern, ein Nachsehen, ein Notieren, ein Denken, ein Verwerfen und Aufgreifen, sprich ein aktiver, anstrengender Prozess, der Zeit kostet. Ich bin immer wieder verblüfft, wenn Studenten – gerne mit dem gelben Leuchtmarker – durch

1 NJW 2015, 1147.

Skripte rauschen und stolz verkünden, sie hätten an einem Nachmittag 100 Seiten Skript gelesen. Das ist zu viel und zu schnell. „Time under tension" wurde missachtet. Bei einem solchen Tempo war zu wenig „tension". Es war zu einfach, es bleibt nichts hängen.

„Work on your weaknesses"

Dieser Satz – einer dieser zahllosen seichten, gerne in sozialen Medien verbreiteten Selbstoptimierungsslogans, früher hätte man gesagt Kalendersprüche? Zugegeben. Warum er gleichwohl behandelt und befürwortet wird, ist sein in juristischen Studentenkreisen gerne kolportiertes Gegenstück „Mut zur Lücke".

Mut zur Lücke wird oft als humorvolle Ausrede dafür benutzt, etwas nicht zu tun, irgendein Thema nicht zu lernen. Ein selbsteingeräumtes Defizit wird mit dem Begriff „Mut" positiv verklärt. Ich halte das für riskant. Ein guter Kandidat hat keine Lücken. Diese Aussage wird Protest hervorrufen und wird unter Hinweis auf den Ausruf von Großfeld „Wer soll das alles wissen?" verworfen werden. Es ist richtig, dass ein Student/Examenskandidat nicht alles wissen muss/wissen kann. Daher halte ich auch nichts von dem von manchen Repetitoren – einem Newsticker ähnlichen – angebotenem Service, Rechtsprechungsreporte an Kandidaten zu adressieren („Letzte Woche hat das Oberlandesgericht Köln zur Dieselproblematik entschieden."). Wer hier hinterherhetzt, kann in der Tat auch versuchen, die Weltformel zu finden. „Mut zur Lücke" muss richtigerweise heißen „Mut zum Verzicht" oder die Fähigkeit, Wichtiges von Unwichtigem zu unterscheiden. So angewandt, bestehen keine Lücken.

Warum echte Lücken gefährlich sind und lähmen, sei an einem *Beispiel* erläutert: Angenommen, ein Student hat das

Hypothekenrecht verpasst, er war krank, verreist, was auch immer. Halbherzige Versuche, es in einem Skript nachzulernen, bleiben erfolglos und werden von der Fülle an neuem Stoff überlagert. Es bleibt eine Lücke. Die Lücke führt zu einer Blockade und Angst. In jeder Klausur der schnelle Blick nach der Hypothek – „hoffentlich nicht Hypothekenrecht". Eine solche elementare Lücke mit „Mut" zu kaschieren, ist fatal. Hier hilft nur eine Auszeit oder „challenge". Der Student muss sich ein Wochenende oder ein paar Tage während der vorlesungsfreien Zeit Zeit nehmen und mit folgendem Vorsatz lernen: „Ich lerne jetzt so gründlich und gut Hypothekenrecht, dass ich mich freue, wenn es in der Klausur drankommt." Das ist „working on your weakness".

Wachstumsbooster und andere Trainingsinstrumente

„Wovon man nicht sprechen kann, darüber muss man schweigen"

Diesen berühmten Satz von Wittgenstein möchte ich verfremden: „Wovon man nicht reden kann, das hat man nicht verstanden."

Wer kennt nicht das Phänomen, die Seiten über den gestörten Gesamtschuldnerausgleich in einem Lehrbuch gelesen zu haben, zu meinen, es verstanden zu haben, und bei einem Bericht oder der mündlichen Zusammenfassung gegenüber einem Studienkollegen ins Stottern zu geraten?

Gute Schüler in der Abiturphase berichten oft, dass ihnen das Nachhilfegeben am meisten geholfen hat, selber das Gelernte zu verstehen und zu behalten. Warum? Sie waren gezwungen, den Stoff mit eigenen Worten zu erklären und wurden sich dabei der Zusammenhänge bewusst, die sie beim Lesen übersehen haben. Daher: Es gibt nichts Besseres, als über das Gelernte zu sprechen. Das mag in einer informellen Arbeitsgruppe sein, in einer formellen Arbeitsgruppe erfolgen oder gegenüber jedem, der bereit ist zuzuhören. Einem Nichtjuristen die Problematik von Legalzession und Aufwendungsersatz im Bürgschaftsrecht zu erklären, bewirkt eines mit Sicherheit: Bei dem Erklärenden sitzt es dann für immer.

Visualisierung des Furcht einflößenden Gesamtstoffes hilft

Eine Durchsicht der Justizprüfungsordnung kombiniert mit dem Besuch einer juristischen Buchhandlung (dort die unzähligen Lehrbücher, Fallsammlungen und Skripte) kann zu einem Gefühl des atemlosen Überwältigtseins führen. Gedanken „Wie soll ich das schaffen?“ und „Das schaffe ich nie“ tauchen auf und machen mutlos.

Ähnliche Gefühle stellen sich im fortschreitenden Semester ein, nachdem der Lernende sich Mühe gegeben und sich sorgfältig vorbereitet hat und der erhoffte Erfolg ausblieb. „Es hat nichts genutzt.“ „Es ist zu viel, ich schaffe das nicht.“ Die Aufgabe, den Stoff zu bewältigen, erinnert an den Vogel, der alle tausend Jahre seinen Schnabel am Diamantenberg wetzt. Nach Abtrag des Berges sei die erste Sekunde der Ewigkeit vergangen. Ist Jura der Diamantenberg und der Student der Vogel? Nein.

Folgendes von dem Genfer Professor Dr. Hans Hanisch oft verwendete Bild über die große Menge an Stoff beruhigt: Jura ist ein großer Sumpf, in dem man sich anfänglich nicht bewegen kann und in dem man untergeht. Der Lernende erarbeitet sich nach und nach kleine feste Inseln in dem Sumpf, von denen er, von Insel zu Insel springend, den Sumpf überqueren kann. Der dazwischen liegende Sumpf ist der bereits behauptete Mut zur Lücke. Man muss nicht alles wissen, darüber kann man springen. Die Erarbeitung der Inseln sei an einem Beispiel erläutert: Nehmen wir abermals Medicus als Leitfaden. Er hat ca. 500 Seiten. Setzen wir pro Seite zwei zu erarbeitende „Wissensinseln“ an, sind das 1.000 zu kennende und zu beherrschende Probleme. Viel, aber schon nicht mehr so unheimlich und unüberschaubar, wie das ominöse „alles“ in „Wer soll das *alles* wissen?“. Unter Zugrundelegung von „teile und herrsche“, das heißt dem langfristigen

Kleinportionieren, sind 1.000 Probleme in einem halben Jahr bewältigbar. Konsistent 5 Seiten/10 Probleme aus Medicus über ein halbes Jahr abzuarbeiten, bringt den Erfolg. Bei dem Stichwort „konsistent" wird ein weiteres Mantra wichtig. Erfolgreiche Studenten sind nicht konsistent gut, aber sie sind gut darin, konsistent zu sein. Das hilft insbesondere bei dem Phänomen, zwar gut gelernt zu haben und doch durch die Fortgeschrittenenklausur gefallen zu sein.

Das Lernen der Juristerei gleicht dem Fällen eines Baumes mit der Axt. Es dauert lange, bis sich etwas „bewegt". Von der Schule mag der Student noch gewohnt sein, dass sich die Mühe des Lernens parallel zum Erfolg verhält. Der Schüler, der von 100 zu lernenden Vokabeln 80 lernt, steht besser da als der, der 60 lernt. Um im Bilde zu bleiben: Beim Jurastudium könnten beide Misserfolg haben, weil der „tipping point" (der Punkt, an dem der Baum anfängt zu fallen) erst bei 90 erreicht ist. Vorher geht der Knoten nicht auf. Etliche Studenten verzweifeln an dieser „Trägheit" des Verhältnisses Lernaufwand zu Erfolg. Es ist eben nicht linear, sondern macht Sprünge. Ist man sich dessen bewusst, weiß man, dass Strecken vorkommen, in denen ein Erfolg nicht unmittelbar eintritt. Das Prinzip von „actio" und „reactio" arbeitet mit großer zeitlicher Verzögerung.

Was würde ich prüfen, wenn ich Prüfer wäre?

Dieses Rollenspiel ist eine Abwandlung des Kapitels „Sprechen" (S. 25). Beim Lesen einer neueren Entscheidung des Bundesverfassungsgerichtes oder eines Aufsatzes hilft die Vorstellung „Was würde ich damit tun, wäre ich Prüfer". Etliche Repetitorien wenden diese Technik an, indem sie über Newsletter/Ticker neue Entscheidungen auf Examensrelevanz abklopfen und mitteilen, diese Konstellation könnte in der Prüfung drankommen. Das ist im Ergebnis die gleiche Technik. Allerdings fehlt bei der vom Repetitor übernommenen Ausarbeitung die eigene geistige Leistung, eine Konstellation als relevant zu erkennen. Zudem kann die hier propagierte Technik schon im ersten Semester eingesetzt werden. Das Staatsorganisationsrecht, von den meisten Erstsemestern als trocken empfunden, gewinnt, wenn man sich vorstellt „Wie würde ich das abprüfen?".

Gar nicht lernen, nachlernen, vorlernen und vor- und nachlernen

Die Lernpyramide startet auf der Nulllinie, dem Nichtlernen – das schlechteste Verhalten. Nachlernen ist der erste beste Schritt. In der Vorlesung wird ein Problem, eine Entscheidung behandelt. Am Nachmittag des gleichen Tages liest sie der Student nach und versteht sie oder versteht sie zumindest besser.

Um Längen besser ist allerdings das Vorlernen. Dozenten veröffentlichen oft den Inhalt ihrer Lehrveranstaltung, viele sogar das komplette Vorlesungsskript. Den Stoff und die nächste Vorlesung vorbereitet zu haben, hat einen fantastischen Effekt: Der Lernende versteht sie besser, hat wesentlich mehr Spaß und die Gelegenheit, beim Vorlernen entstandene Verständnislücken zu füllen. Exakt so funktioniert bis heute die sokratische Methode an den U.S.-amerikanischen Law Schools, zumindest in den ersten Semestern. Am Ende einer Stunde wird der für die nächste Stunde vorzubereitende Fall benannt und ausgegeben. Fast immer ist das ein Fall, der die Studenten überfordert, da er eben den Stoff der nächsten Stunde behandelt. Die verbliebenen Lücken und Verständnisschwierigkeiten werden in der nächsten Stunde per

Fragen aufgedeckt und geklärt. Der „Aha-Effekt", während der Vorlesung den Stoff zu verstehen, ist erfrischend und motivierend. Bereitet sich der Student nicht vor, erklärt er sein Nichtverstehen damit, dass alles neu ist und er das Ganze gar nicht verstehen konnte. Durch die Vorbereitung steigt der (selbst erzeugte) Druck „Jetzt muss ich es aber verstehen". Oft genug passiert das dann auch. Die Krönung des aktiven Lernens ist selbstverständlich der Dreisprung von Vorlernen – Vorlesung – Nachlernen. Sollte etwas in der Vorlesung doch noch unklar geblieben sein, hilft ihm die gezielte Nachbereitung. Insofern ist eine Vorlesung nicht eine punktuelle Einzelveranstaltung, sondern Teil eines „Sandwichs", das aus Vorbereitung, Vorlesung und Nachbereitung besteht. Auch das vermeintlich wenig fordernde Vorlesungsprogramm in den ersten Semestern ist dann herausfordernder als gedacht. Vier Stunden Vorlesung Verfassungsrecht sind tatsächlich 4 mal 3 Stunden, also 12 Stunden, fast zwei volle Arbeitstage.

Gamification/Challenges

„Gamification" ist nach landläufiger Definition die Anwendung spieltypischer Elemente in einem spielfremden Kontext. Die Literatur zu dieser erfolgreichen Motivationssteigerung ist unüberschaubar.

„Challenges" als Spielart der „Gamification" beherrschen das Internet. Diese „Überwindungsspiele" sind nicht neu. Schon seit Dekaden bekommen Schauspielschüler Hausaufgaben wie „Sprechen Sie in der Straßenbahn jemanden freundlich/unfreundlich/lustig an". Die Überwindung führt zu persönlichem Wachstum. Innerhalb unseres Sujets – wie studiere ich erfolgreich Jura – kann das Instrument der „Challenges" perfekt eingesetzt werden. Der Phantasie sind keine Grenzen gesetzt. Wem gar nichts einfällt, hier ein paar Anregungen:

- Ich muss mich pro Vorlesung/Arbeitsgemeinschaft einmal gemeldet haben.
- Beim oben beschriebenen Vorlernen bin ich auf eine bestimmte Entscheidung gestoßen. Ich muss – selbst wenn es nicht passt – die Entscheidung in der Vorlesung zur Sprache bringen.
- Es gibt derzeit 63 BGHSt-Bände. Ich lese ab Band 30 aus jedem Band einen Fall (den ich mir aussuchen darf). Damit muss ich in einer Woche durch sein.
- Im Medicus 27. Auflage sind ab Seite 501 73 „besonders wichtige Entscheidungen" erwähnt. Diese Entscheidungen lese ich im Original nach. Zwei Wochen Zeit. Wenn es zu einfach ist, suche ich mir zu jeder Entscheidung eine Anmerkung aus der Literatur heraus und lese sie dazu.

Wie gesagt, das sind nur Anregungen. Jeder kann sich seine „Challenges" selbst aussuchen.

Durch Klausuren durchzufallen ist gut, wenn …

Schon ins Anekdotische übergehend ist die Alltagsweisheit, dass ein erfolgreicher Start-up-Unternehmer (insbesondere aus dem Silicon Valley) diverse Insolvenzen durchlaufen haben muss. Sie würden als Wachstums-„Booster" (menschlich und fachlich) dienen. Ganz anders die schlechte Juraklausur, die insbesondere Studierende mit guten Abiturnoten deprimiert. Eine schlechte Klausur ist in der Tat eine Chance für Wachstum, aber nur wenn Folgendes – ohne wenn und aber – eingehalten wird:

Erstens, jede Klausur ist so zu schreiben, als ob man im Examen sitzt, das heißt kein Abschreiben, keine Hilfsmittel, kein Plausch mit dem Banknachbarn. Das gilt auch für die Examensprobeklausur, die von den Universitäten angeboten und die nicht oder nur oberflächlich beaufsichtigt wird. Es gibt Kandidaten, die das erste Mal im Staatsexamen wirklich auf sich gestellt sind, kein Schwatz, kein Rauchen, kein kurzer Blick aufs Smartphone, kein vorschnelles Abgeben der Klausur, kein Nicht-Abgeben der Klausur. Diese neue, unbekannte Erfahrung, alleine im Examen zu sitzen, verursacht Stress. Er kann einfach vermieden werden, indem jede Probeklausur als Ernstfall betrachtet wird. Wenn der Kandidat bis zum Examen ca. 50-mal den Ernstfall geprobt hat, verliert er an Bedrohung.

Das bringt mich gleich zum nächsten Punkt – der Unsitte, bei einem befürchteten schlechten Ergebnis einer Klausur die Klausur nicht abzugeben. Welche Vergeudung! Eine Vergeudung, weil vielleicht das Ergebnis doch besser gewesen wäre, als befürchtet. Eine Vergeudung, weil sich der Kandidat selbst der Möglichkeit des Wachstums beraubt hat. Eine schlechte Klausur ist ein hervorragender „reality check" und eine gute Möglichkeit, besser zu werden.

Der Fehler, den ich auch oft gesehen habe, ist, dass die Kandidaten die Klausur mit den drei Punkten achselzuckend „wegstecken" und der Musterlösung hilflos zuhören. Das ist zu wenig. Die Musterlösung muss so verinnerlicht werden, dass – sollte exakt diese Klausur wieder gestellt werden – eine Punktzahl von über 15 erzielt wird.

Zur Not – und jetzt komme ich zu einem sehr archaischen und in Vergessenheit geratenen Übungsmittel – muss die Musterlösung von Hand abgeschrieben werden. Überhaupt, Texte (wie ein Grundschüler) abzuschreiben, ist ein gutes Trainingsinstrument. Es bremst den Gedankengang herunter und kann auch absolviert werden, wenn man müde (nach dem Mittagessen) oder demotiviert ist. Eine schwierige Passage abzuschreiben hilft, sich zu konzentrieren und den

Inhalt zu verinnerlichen – darauf deuten auch Studien hin. Im Gegensatz zum schnellen Scrollen und Überfliegen der Texte kann der Inhalt so besser verarbeitet werden und das Nervensystem wird beruhigt.

Return on Investment – ganz konkret

Fundstellen lesen – Jugend vor Alter

Stellen wir uns vor, in der Vorlesung gibt der Dozent eine Zitatreihe aus: „Lesen Sie zur Problematik BGH NJW 1972, [...], 1999 [...] und 2012 [...].“ Womit fängst Du am Nachmittag an? Mit 2012, und zwar aus zwei Gründen: Zum einen erleichtert das Lesen der neuesten Entscheidung das Verständnis der früheren. Zum anderen kann es sein, dass Du aus irgendeinem Grund nicht alle diese Entscheidungen liest. Wenn Du mit 2012 anfängst, hast Du diese neueste Entscheidung im Kopf und nicht die vielleicht überholte, über Bord geworfene aus dem Jahr 1972.

(Ausbildungs-)Zeitschrift unbedingt früh abonnieren

Ein Student der Theaterwissenschaft, der kein Theaterabo hat, ein Sportstudent, der nicht gerne Sportsendungen sieht, oder ein Literaturstudent, der ungern liest? Nicht vorstellbar. Warum also sollte der Student, der sich dem Rechtsstudium verschrieben hat, nicht wie ganz selbstverständlich eine der Ausbildungszeitschriften abonniert haben, die ihn über sein Fach und sein späteres Berufsleben informieren? Und abonnieren ist besser, als das nicht wirklich ernst gemeinte Vorhaben „lese ich, wenn ich in der Uni-Bibliothek bin". Letzteres passiert nicht und beim Abonnement passiert es früher oder später.[1]

Kaufe juristische Bücher[2]

Eigentümer der Bücher zu sein ist etwas anderes, als sie in der juristischen Bibliothek auszuleihen. Du kannst in ihnen schreiben, markieren, Kaffeeflecken verbreiten, sie sind immer da. Die Investition lohnt sich. Selbst wenn es im Laufe des Studiums mehrere Hundert Euro sein sollten, die Du ausgibst, der „return on investment" lohnt sich.

1 Und selbst wenn es dort ist, wo meistens das ADAC-Heft gelesen wird.
2 Anderer Auffassung *Köhler/Kirschner* in diesem Buch.

Die Herausforderung „Zeit“

Zur Zeiteinteilung – think big

Viele Menschen überschätzen, was sie an einem Tag schaffen können und unterschätzen, was sie in zehn Jahren erreichen können. Dieses bekannte Bonmot verdeutlicht schön die oft verquere Zeiteinteilung von Jurastudierenden. Für den Tag nimmt man sich das Eigentümer-Besitzer-Verhältnis vor und über das Jahr wird nicht nachgedacht. Man kann das Eigentümer-Besitzer-Verhältnis nicht an einem Tag lernen. Sehen wir uns das anhand der 17 Seiten im Medicus/Petersen an. Ja, es wäre bei einer Lesegeschwindigkeit von 5 Seiten pro Stunde möglich, diese 17 Seiten an einem Nachmittag zu lesen. Tatsächlich sind diese 17 Seiten wie eine Brausetablette verdichtet, so dass sie „aufgelöst“ werden müssen. Das gelingt nur, indem man mindestens eine Fundstelle pro Seite nachschlägt und schon haben wir ein Vielfaches der 17 Seiten. Zwei bis drei Tage erscheinen mir angemessen. Die Metapher mit der Brausetablette verdeutlicht die Technik: Es muss langsam und gründlich und forschend gearbeitet werden. Immer wieder verblüffen mich die Studenten, die mit dem Stabilo durch das Skript rasen und es anmalen. Nur weil es später farbig ist, hat man noch nichts gelernt!

Stelle nie einen Wecker[1]

Bei aller Zeitknappheit und dem vollen Tag lohnt es sich nicht, eine Stunde zu früh aufzustehen und müde zehn Stunden zu lernen. Es ist besser nur neun Stunden zu lernen und dabei ausgeschlafen sein. Eine Kasteiung durch zu wenig Schlaf schadet per Saldo mehr, als sie nützt.

1 Anderer Auffassung *Viethen* in diesem Buch.

Den richtigen Umgang pflegen

Meidet die (selbsternannten) Examensexperten

In dem eigentümlichen Biotop der aufgeregten, unsicheren und überforderten Studenten gedeiht eine Spezies ganz hervorragend: die der selbsternannten Experten. Sie wissen, dass das Justizprüfungsamt – mangels Stellen für die Referendare – dieses Jahr 37,5 % durchfallen lassen muss. Sie wissen, dass im letzten Jahr der berühmte Examenskandidat XYZ, der vier Jahre lang nur zweistellige Bewertungen erhalten hat, durchgefallen ist. Sie wissen, was examensrelevant ist und vor allem, was nicht.

An dieser Stelle darf ich eine Anekdote aus meiner eigenen Studienzeit erzählen: Im Sommersemester 1984 bot Professor Bullinger ein Examinatorium im öffentlichen Recht an. Die erste Stunde eröffnete er mit der Frage zur Geschichte des Verwaltungsrechts, insbesondere zum Vorrang und Vorbehalt des Gesetzes. Alle Experten stimmten in der Pause zur zweiten Stunde mit den Füßen ab. Sie wussten mit großer Selbstsicherheit, dass so etwas „Absurdes" nicht im Examen drankomme. Viel relevanter seien Prüfungsschemen zum Baurecht und Polizeirecht. In der schriftlichen öffentlich-rechtlichen Klausur (Sommertermin 1984) kam im Examen in Baden-Württemberg eine Aufsatzklausur mit dem Thema

„Schildern Sie Geschichte und Bedeutung von Vorrang und Vorbehalt des Gesetzes". Meine beste Klausur.[1]

Die gleichen Experten sind es auch, die sofort im Anschluss an die Prüfung mit großer Überzeugungskraft ihre Lösung präsentieren. Halte Dich fern. Geh sofort nach der Klausur weg. Die Klausur ist geschrieben. Nach der Klausur ist vor der Klausur. Besser sich mental auf die nächste vorzubereiten, als sich Lösungen (einerlei, ob falsch oder richtig) anderer anzuhören. Die gleichen Experten erklären mit großer Selbstsicherheit auch, welche Vorlesungen unwichtig oder wichtig sind. Höre nicht darauf! Geh davon aus, dass alle Vorlesungen wichtig sind.

Fünf Freunde sollt Ihr sein

Von dem US-amerikanischen Motivationstrainer Jim Rohn stammen die Worte: „You are the average of the five people you spent the most time with." Selbstverständlich formt jeden seine Umgebung. Die nächsten Mitmenschen bestimmen, worüber und wie man sich unterhält. Eng verwandt damit ist der Spruch „Zeig' mir Deine Freunde und ich sage Dir, wer Du bist". Diese Weisheit, fast schon Binsenweisheit, wird seit einigen Jahren kritisiert. Die Soziologen Christakis und Fowler[2] haben festgestellt, dass der Kreis der fünf wesentlich weiter zu ziehen ist.

Sei es, wie es will. Letztlich bestreitet niemand, dass die direkten Kontakte formen. Sage ich nun, dass man sich nur mit ehrgeizigen, gute Noten schreibenden Kommilitonen befreunden soll? Mitnichten. Aber befreundete Kommilito-

1 Im gleichen Jahr veröffentlichte Bullinger den Aufsatz „Das Ermessen der öffentlichen Verwaltung", JZ 1984, 1001, der das Thema behandelte. Ob Bullinger die Klausur gestellt hat, weiß ich nicht, ich vermute es allerdings.
2 The Spread of Obesity in a Large Social Network over 32 Years, The New England Journal of Medicine 2007, Vol. 357, p. 370.

nen, die Spaß am Studium und harter Arbeit haben, helfen. Studierende, die ohnehin alles „ätzend“ oder „langweilig“ finden oder die eine arrogante Haltung propagieren wie z. B. „ich übernehme unser Unternehmen; ich will nur vier Punkte“, wirken – so hart es klingen mag – toxisch.

Der Stadtwechsel

Genauso wie wir inzwischen wissen, dass ein Mobiltelefon in Griffweite, auch wenn es ausgeschaltet ist, dazu führt, dass Kraft aufgewandt werden muss, um ihm zu widerstehen, kann es sein, dass eine Stadt auf einen Kandidaten eine zu hohe Anziehungskraft ausübt. Es mag sein, dass durch Freunde, Sport oder sonstiges Verhaftetsein in irgendeiner Szene zu viel Ablenkung herrscht. Dem allen zu entsagen, mag anstrengender sein, als im vierten Semester schlicht die Universitätsstadt zu wechseln. Liest man Biografien älterer Professoren, so ist man immer wieder verblüfft, wie sie innerhalb von vier Jahren an vier oder mehr Universitäten studierten. Klar ist, das war vor der studentischen Wohnungsnot. Aber ein (einmaliger) Wechsel mag der Befreiungsschlag schlechthin sein.

Bessere Entscheidungen treffen

Fast zu guter Letzt – die Millennial-spezifische Bedrohung: das Smartphone

Ich habe hoffentlich bisher niemanden gelangweilt und möchte auch jetzt nicht damit anfangen. Kauf Dir einen dieser Tresore oder einen „kitchen safe". Besser kannst Du EUR 50,00 nicht investieren und erreichst mindestens zwei Punkte mehr im Examen.

Rituale – An der Grenze zur Neurose?

Aus meinem Umfeld und von mir selbst (ich werde nicht offenlegen, wer welche hatte) einige Rituale/Tricks, die dabei helfen sich zu fokussieren:

Kritzele nicht auf Deine Mitschriebe. Sie entwerten den Mitschrieb. Wenn Du nicht widerstehen kannst, kritzele auf einem extra Stück Papier, das Du nach Vorlesungsende wegwirfst.

Wenn Du in der Bibliothek arbeitest, dann suche Dir – selbstverständlich ohne das mitzuteilen – einen Mitlernenden, der einen zielstrebigen Eindruck macht. Spiele: „Ich stehe nicht auf, bevor er/sie aufsteht."

Für Zuhause: Wenn etwas gar nicht in den Kopf mag (vielleicht irgendwelche auswendig zu lernenden Definitionen im Strafrecht), Lernen und bei Scheitern zehn Strafliegestütze oder zehn Strafburpees.

Bei totalem Motivationsmangel: eine Flasche Bier trinken und dabei eine schwierige Passage aus einem Lehrbuch oder einem Urteil abschreiben.

No FoMO – Du verpasst nichts

In Deiner Jugend verbringst Du unwiederbringliche Zeit in der Bibliothek, während „alle anderen“ am Eisbach in München, am Elbstrand in Hamburg oder wo auch immer Spaß haben. Es ist es wert. Es kommen noch viele Sommer. Du wirst mehr Spaß haben mit einem bestandenen Examen in der Tasche als ohne.

2. Teil
Mit erprobten Lifehacks den eigenen Weg finden

Von Frustration zu Motivation

Andreas Aigner, LL.M. (Michigan) (Referendar am Hanseatischen OLG; Erstes Juristisches Staatsexamen 2017)

Mit dem Studium habe ich erst im Alter von 23 Jahren begonnen, da ich das Abitur auf dem zweiten Bildungsweg gemacht habe. Davor hatte ich das Gymnasium zunächst abgebrochen, um eine Berufsausbildung zum Versicherungskaufmann zu absolvieren. In meiner freien Zeit bin ich meiner (damaligen) Leidenschaft, dem Leistungssport, als Spieler und Trainer nachgegangen.

Während der Ausbildung konnte ich Dinge lernen, die mich begeistern: Kaufmännisches Denken und dem Wirtschaftsleben zugrundeliegende Rechtsnormen. Das motivierte mich, das Abitur nachzuholen, um zu studieren. Für Jura habe ich mich entschieden, weil ich das Recht spannender und vielschichtiger fand als die BWL.

Tipps & Tricks für den Beginn des Studiums

1. Entwickle klare Ziele für Dein Studium. Finde Rechtsgebiete, die Dich interessieren. Ohne konkretes Ziel ist es schwer, die Motivation und den Fokus zu erhalten.
2. Geh an die Uni, die Dir am meisten zusagt. Bei der Auswahl kannst Du nichts falsch machen. Wechseln nach der Zwischenprüfung geht problemlos, ich selbst habe von Heidelberg nach Passau gewechselt.

3. Rankings sind kein Allheilmittel, aber hohe Durchschnittsexamensnoten bestimmter Unis gehen oft einher mit guter Lehre und einem leistungsfördernden Umfeld.
4. Lies neben jeder Vorlesung ein Lehrbuch oder ein gängiges Skript. Falls in Deiner Anfängerübung eine Hausarbeit gestellt wird, dann lies voraus. Meist wird Stoff des nächsten Semesters geprüft. In Anfängerklausuren kommen fast immer Probleme aus der Vorlesung/Übung dran.

Das Grundstudium und die abschließende Zwischenprüfung sind an den meisten Fakultäten mit überschaubarem Aufwand zu meistern. Wenn es hier Probleme gibt, dann hinterfrage und analysiere ehrlich und ziehe im Notfall entsprechende Konsequenzen. Denn die große Herausforderung kommt erst mit dem Examen.

Man erlebt häufig fachliche Diskussionen unter Studenten. Ich habe mich oft unter Druck und unwissend gefühlt, bis ich in der Examensvorbereitung verstand, dass viele dieser Diskussionen juristischer Unfug waren. Vermutlich liegt es am Leistungsdruck, dass Studenten versuchen, sich als Überflieger darzustellen. Das zeigt sich auch massiv in der Präpotenz, mit der angebliche Noten behauptet werden.

Tipps & Tricks für die richtige Einstellung im Jurastudium

1. Lerne, Kritik anzunehmen. Die Klausuren sind auf differenzierbare Bestenauslese ausgelegt und es gibt an jeder Klausur Kritikpunkte. In anderen Studiengängen wird lediglich das Vorhandensein von Wissen eines bestimmten Niveaus geprüft. In Jura sind die Noten oft frustrierend und die Kritik teilweise sehr hart.
2. Lerne, aus Frustration Motivation zu schöpfen. Das ist gerade für Studenten mit guten Schulnoten psychisch oft

sehr schwierig. Letztlich ist der Umgang mit Frustration ein Schlüssel für Erfolg im Jurastudium.

3. Lass Dich nicht verunsichern und glaube nicht alles, was Deine Kommilitonen Dir erzählen – weder fachlich noch ihre angeblichen Noten. Mach Dir klar, dass Du genauso an Deine Uni gehörst wie die anderen. Andere Studenten sind nicht schlauer oder belesener. Selbstvertrauen ist der Schlüssel zum Erfolg. Wer sich keine guten Leistungen zutraut, wird auch keine erreichen.
4. Praktika geben Dir einen guten Einblick und führen Dir vor Augen, welche Wege Dir offenstehen können. Ich habe neben dem Studium in einer Kanzlei in einem Rechtsgebiet gearbeitet, in dem ich mich perspektivisch auch als Anwalt sehen konnte und hieraus viel Motivation geschöpft.

Rückblickend wünscht sich wohl fast jeder Jurastudent schon mit Blick auf das spätere Examen für die Zwischenprüfung gründlicher gelernt zu haben. Ich verlor zu dieser Zeit ein wenig die Lust am Studium, da ich zu realisieren begann, wie viel Weg noch vor mir lag. Das änderte sich, nachdem ich eine Nebentätigkeit in einer Kanzlei angefangen hatte.

Ich habe den Schwerpunkt, wie üblich, vor der Examensvorbereitung abgelegt. Das würde ich heute anders machen.

Tipps & Tricks für den Schwerpunkt

1. Mach den Schwerpunkt nach dem Examen. Deine Grundlagenkenntnisse sind dann viel besser. Du sparst auch viel Zeit, weil Du nicht nebenbei den Pflichtstoff für die großen Scheine lernen musst. Der Schwerpunkt dauert zwei bis drei Semester, der Pflichtstoff leidet und das Studium wird unnötig verlängert. In Schwerpunktklausuren fällt auf, dass häufig Punkte durch Grundlagenfehler verloren gehen, die nach dem Examen nicht mehr passieren.

2. Wähle den Schwerpunkt nach Deinem Interesse, nicht aus strategischen Erwägungen. Wenn er Dich nicht interessiert, hast Du keine Freude und die Note leidet zumeist auch.

Meine Examensvorbereitung dauerte zwei Jahre, wovon eineinhalb sehr intensiv waren. Konkrete Tages- und Wochenziele und geregelte Tagesabläufe haben mir geholfen. Langfristig habe ich mir 9 Punkte im Examen vorgenommen. Einmal pro Monat habe ich drei Tage frei genommen, um abzuschalten oder wegzufahren.

Ich habe zuerst Lehrbücher und Skripten gelesen, um in der Breite vieles schon einmal gehört zu haben. Danach habe ich den Jahreskurs in einem Repetitorium absolviert. Dabei war für mich ein Schlüssel zum Verständnis, den Stoff ordentlich vor- und nachzubereiten (Fälle vor der Besprechung gliedern, nach der Besprechung Rechtsprobleme herausarbeiten). Die abstrakten Probleme, Streitstände und Definitionen habe ich auf Karteikarten zusammengefasst und regelmäßig wiederholt. Zusätzlich habe ich mit zwei Freunden eine Lerngruppe gegründet, in der wir wöchentlich im Wechsel Examensklausuren vorbereitet, gemeinsam gegliedert und erläutert haben. Samstags habe ich entweder eine Klausur geschrieben oder zwei Klausuren einschließlich der Streitstände gegliedert. Nach etwa 35 Übungsklausuren ließ der Lerneffekt des Ausformulierens nach. Es war dann sinnvoller, mehr Klausuren vollständig zu gliedern und nur gelegentlich noch auszuformulieren. Nach dem Jahreskurs habe ich über ein weiteres Halbjahr den gesamten Stoff nochmal wiederholt.

Tipps & Tricks für die Examensvorbereitung

1. Lege den Fokus nach der Zwischenprüfung nicht primär auf die großen Scheine, sondern baue Wissen auf Exa-

mensniveau auf. Die „großen Scheine" kann man dann nebenbei als Übungsklausuren ablegen.

2. Halte nach dem Examen die Lernspannung aufrecht bis zur Notenbekanntgabe, dann wirst Du mündlich Topleistungen zeigen und Du könntest auch sofort nochmal schriftlich antreten.

3. Stecke Dir hohe und konkrete Ziele, aber stelle Dir auch konkrete Belohnungen in Aussicht. Für die Zeit nach meinem Examen hatte ich eine Reise geplant. Darauf arbeitet man lieber hin als auf das drohende Examen.

Am Ende noch ein *letzter Tipp für das Studium*: Gehe ins Ausland! Ich war nach der Zwischenprüfung ein Semester in Südafrika und nach dem Examen für einen LL.M. in den USA und beides war fachlich und menschlich eine großartige Erfahrung.

Der eigene goldene Weg

Tobias Beck, LL.M. (Wissenschaftlicher Mitarbeiter bei Baker & McKenzie Partnerschaft von Rechtsanwälten und Steuerberatern mbB; Erstes Juristisches Staatsexamen 2020)

Eine Zauberformel, wie jeder ein gutes Erstes Juristisches Staatsexamen schreiben kann, existiert nicht. Zu unterschiedlich sind die verschiedenen Lerntypen, die jeweilige Auffassungsgabe der Studenten, die individuellen Vorkenntnisse und die persönlichen Vorlieben. Folglich ist der Weg zum erfolgreichen Staatsexamen auch eine Suche nach dem ganz eigenen goldenen Weg. Grundlegende Fragen wie „Soll ich mich bei einem kommerziellen Repetitorium anmelden?“, „Wie viele Probeklausuren muss ich vor der Staatsprüfung geschrieben haben?“ und „Welche Rechtsgebiete kann ich eher vernachlässigen?“ muss jeder Student für sich selbst entscheiden. Solche Entscheidungen kann und soll auch kein anderer dem einzelnen Studenten abnehmen.

Diese Erkenntnis bedeutet aber keinesfalls, dass man in der Examensvorbereitung alleine gelassen wird. Vielmehr ist es meines Erachtens sogar essenziell, Vorschläge und Empfehlungen anderer Studenten und insbesondere von Juristen (die das Examen schon hinter sich haben) anzuhören. Nur aufgrund dieser Ratschläge kann ein Student dann entscheiden, welcher Lernansatz für ihn persönlich der geeignetste ist. Daher sollten meine folgenden Ratschläge nicht als die einzig richtigen angesehen werden. Eher stellen meine Tipps, die wiederum auf zahlreichen Empfehlungen von Freunden, Kommilitonen und Praktikern beruhen, eine Möglichkeit und vor allem meinen Weg dar, wie ich erfolgreich Examen schreiben konnte.

Fehler: „Examensrelevanz"

Schon in meinen ersten Semestern - ich habe mich für ein Studium an der Universität Bayreuth entschieden - haben mich unzählige Kommilitonen in höheren Semestern darauf hingewiesen, was für die anstehenden Klausuren bzw. das Examen relevant sei. Die Kunstfreiheit beispielsweise würde nie in der Abschlussklausur zu den Grundrechten drankommen. Dafür sei die Bestimmung des sachlichen Schutzbereichs viel zu schwierig und unbestimmt. Was kam dann aber dran in der Klausur? Genau, Art. 5 Abs. 3 GG! Dasselbe Spiel kann man mit Familienrecht, den Aussagedelikten im Strafrecht, den öffentlich-rechtlichen Verträgen im Verwaltungsrecht und dem Europarecht schlechthin spielen. „Das kommt eh nie dran." - „Das ist nicht examensrelevant." Doch woher wollen das eigentlich andere Jurastudenten wissen, die noch gar kein Examen geschrieben haben? Woher wissen andere, welchen Sachverhalt der Professor in seiner Abschlussklausur stellen wird?

Daher musste ich die Erfahrung machen - sogar in meinem eigenen Examen, in dem eine reine Klausur zum Staatshaftungsrecht gestellt wurde -, dass in der Ersten Juristischen Staatsprüfung einfach alles drankommen kann. Es gibt kein Rechtsgebiet, das laut Prüfungsordnung zum Pflichtstoff gehört, welches nicht auch irgendwann abgefragt wird. In diesem Zusammenhang möchte ich noch als zweites Beispiel erwähnen, dass ich - obwohl ich mich gegen ein kommerzielles Repetitorium zur Examensvorbereitung entschieden habe - kurz vor dem Examenstermin noch einen fünftägigen Crashkurs bei einem kommerziellen Rep besucht habe. Hier wurde uns dann von den Repetitoren auch gesagt, dieser jüngste BGH-Fall sei äußerst „heiß" fürs Examen, Erbrecht könnten wir getrost vernachlässigen und Brandstiftung sei ungeeignet für eine Examensklausur. Als nervöser Student verlässt man sich auf diese Empfehlungen und schaut sich deshalb diese Randgebiete vor dem Examen gerade nicht mehr an (obwohl diese Gebiete einer Auffrischung wohl am ehesten bedurft hätten). Doch: Auch Erbrecht und Brandstiftung wurden in meinem Examenstermin abgefragt.

Fehler: „Sachenrecht hasse ich"

Nachdem im Examen einfach alles drankommen kann, heißt das logischerweise auch, dass alle Rechtsgebiete (zumindest in den wesentlichen Grundzügen) beherrscht werden müssen, um einen guten Examensdurchschnitt zu erzielen. Auf allzu große „Lücke" lernen hilft nicht.

Mir ging das sehr lange so mit Sachenrecht. Von vielen anderen Kommilitonen weiß ich, dass es ihnen mit Staatsorganisationsrecht sehr ähnlich erging. Die Liebe zum Sachenrecht habe ich während meiner Studienzeit nie wirklich entdecken können. In den ersten Semestern (sogar bis nach den Großen Scheinen) habe ich mich einer intensiven Auseinandersetzung mit dem „dinglichen Recht" verweigert. Grund hierfür war sicherlich auch, dass ich nie ein übersichtliches und prägnantes Lehrbuch oder Skript zum Sachenrecht gefunden habe. Somit habe ich das Projekt Sachenrecht lieber aufgeschoben und mich mit Themen befasst, die mir mehr Spaß bereitet haben: Schuldrecht AT, Polizeirecht, Vertragsrecht. Doch das ist äußerst kontraproduktiv. Für ein gutes Examen benötigt man kein Inselwissen in einzelnen Rechtsgebieten (sicherlich, vertieftes Wissen zu einzelnen Fragestellungen kann nie schaden), aber entscheidend ist, dass jeder Student ein solides Grundwissen zu allen (und die Betonung liegt auf allen) Rechtsgebieten aufweisen kann. Spätestens in der mündlichen Prüfung fliegt man sonst auf.

Ein weiterer Grund, wieso ich Sachenrecht zu Beginn meiner juristischen Ausbildung vernachlässigt habe, war der

Umstand, dass ich in diesem Fach keine Abschlussklausur schreiben musste. Dementsprechend war im dritten Semester die Motivation auch nicht allzu groß, sich in das komplexe und sehr detailreiche Sachenrecht einzuarbeiten. Nachholen musste ich das dann in der Examensvorbereitung. Hierzu passt die Phase kurz vor dem Examen aber eigentlich gar nicht, denn die Examensvorbereitung sollte eine reine Wiederholungsphase sein. Die Zeit, die das Erschließen unbekannter Rechtsgebiete in dem Jahr vor dem Examen einnimmt, fehlt an anderer Stelle. Daher wird derjenige belohnt, der schon ab dem ersten Semester die Grundlagenfächer vernünftig einstudiert.

Fehler: „Das Examen muss nach acht Semestern geschrieben werden"

In Bayreuth hörten wir im ersten Semester Staatsrecht bei einem sehr schillernden, eloquenten und vielleicht etwas querköpfigen Professor. Schon in der ersten Vorlesung wies er uns darauf hin, dass niemand ein guter Jurist werden könne, der innerhalb von sieben oder acht Semestern sein Examen schreibt. Damals habe ich mich gefragt, was daran so verkehrt sein kann, nach sieben Semestern Examen zu schreiben, wenn man bis dahin – was mir immer noch ein Ding der Unmöglichkeit erscheint – mit dem Examensstoff durchgekommen ist.

Doch je länger ich mich mit der Jurisprudenz auseinandergesetzt habe, umso eher verstand ich auch, was uns der Professor mit seiner These sagen wollte: Das Jurastudium erfordert eine gewisse Reife – und die benötigt Zeit. Besonders aufgefallen ist mir diese Erkenntnis zum ersten Mal, als ich nach dem sechsten Semester für ein Jahr nach Australien geflogen bin, um dort meinen LL.M. zu machen. In dieser Zeit konnte ich in eine vollkommen neue Welt und in ein bis dahin völlig unbekanntes Rechtssystem, nämlich das common law system, eintauchen. Es hat sehr gut getan, für ein Jahr kein neues deutsches Recht lernen zu müssen, sondern das bereits Gelernte zu reflektieren und setzen zu lassen. Danach hatte ich dann wieder genug Motivation und Energie, in die Examensvorbereitung einzusteigen. Ja, Jura benötigt Zeit!

Und um etwas Druck zu nehmen: Viele Kanzleien erwarten überhaupt nicht, dass Bewerber ihr Prädikatsexamen in acht Semestern ablegen. Dass das Jurastudium ausreichend Reife und Zeit benötigt, hat wohl auch der Gesetzgeber so gesehen, indem er im Herbst 2019 die Regelstudienzeit für Jura auf zehn Semester angehoben hat. Das ist ein angemessener Zeitrahmen!

Jedoch plädiere ich hier keinesfalls dafür zu trödeln. Natürlich gehört zu einer schönen Studienzeit auch, ausreichend feiern zu gehen, Sport zu treiben, den Hobbies nachzugehen und ab und an in den Urlaub zu fahren. Vielmehr geht es mir darum, wie die Studienzeit genutzt wird. So sind es beispielsweise Auslandssemester, freiwillige Praktika oder Zusatzqualifikationen, die einen erheblichen Mehrwert sowohl für die Persönlichkeitsentwicklung als auch für das CV generieren. Solche Beschäftigungen lassen vor allem das erlangte Wissen in einem reifen. Nachdem ich aus Melbourne zurück nach Deutschland kam, habe ich schnell angefangen, als studentische Hilfskraft in einer mittelständischen Kanzlei zu arbeiten. Die dort gesammelten praktischen Erfahrungen haben in mir ein gewisses Selbstvertrauen erzeugt, dass ich ein guter Anwalt werden kann. Mit diesem Bewusstsein war es für mich deutlich leichter, durch die Examensvorbereitung zu steuern und in die Examensprüfungen zu gehen. Schlussendlich hat mich keiner mehr gefragt, nach wie vielen Semestern ich mein Examen geschrieben habe.

To sum it up

- Finde Deinen eigenen Weg, der zu Dir passt. Das hängt davon ab, was für ein Lerntyp Du bist und welche Vorlieben Du beim Lernen hast. Stimme darauf Deine individuelle Examensvorbereitung ab.
- Vergleiche Dich nicht zu sehr mit anderen, sondern verfolge Deinen individuellen Lernpfad.
- Sammle praktische Erfahrung abseits der Bib, sei es durch die Übernahme eines Tutoriums, der Teilnahme am Vis Moot Court oder durch ein Auslandssemester.
- Besuche alle Vorlesungen zu den Grundlagenfächern und eigne Dir schon früh ein Grundwissen zu allen prüfungsrelevanten Rechtsgebieten an.
- Es muss nicht immer das kommerzielle Repetitorium sein: Gebe den universitären Repetitorien eine Chance, immerhin stellen und korrigieren die Professoren meistens auch die echten Examensklausuren.
- Habe immer ein Ziel vor Augen, wofür Du studierst.
- Schreibe ausreichend viele Klausuren vor dem Examen, aber beachte dabei: Geh zur Klausurbesprechung, arbeite die Korrekturanmerkung durch und wiederhole unbedingt die Themen, die bei der Klausur nicht optimal liefen.
- Sei ehrlich zu Dir und verwechsle „Rumsitzen" in der Bib nicht mit effizienter Arbeit: Nur weil man zehn Stunden in der Uni war, heißt das nicht, dass man auch effektiv gelernt hat.
- Erzähle Deiner Familie oder Freunden, die nicht Jura studieren, was Du gerade gelernt hast: Denn nur, wenn Du ein Rechtsproblem wirklich verstanden hast, kannst Du es auch anderen einfach und verständlich erklären.

Gib nicht auf, Du schaffst das. Die Examenszeit geht schneller vorbei als man anfangs denkt.

Zähmt den Herdentrieb!

Dr. Carsten Bork, LL.M. (Tsinghua) (Rechtsanwalt bei Freshfields Bruckhaus Deringer Rechtsanwälte Steuerberater PartG mbB, Hamburg; Erstes Juristisches Staatsexamen 2014)

Um (künftigen) Studierenden Tipps und Tricks für das „Überleben“ an der Universität mit auf den Weg geben zu können, habe ich mir in Erinnerung zurückgerufen, worauf ich beim Studieren Wert gelegt habe. Es stellte sich heraus, dass mir die persönliche Freiheit während der Studienzeit elementar wichtig war; sie ist es heute noch. Dabei ging es nicht darum, möglichst wenig Zeit mit Büchern, Skripten & Co. zu verbringen, sondern das Studieren so auszugestalten, dass möglichst wenig der kostbaren Freizeit für sinnloses Lernen verschwendet wurde. Dies stellte sich als eine gar nicht so leicht zu meisternde Aufgabe dar. Denn ein Neu-Student verfällt leicht der Versuchung, dem Strom der Studentenschaft zu folgen und gleich einem Schaf in der Herde mit seinen Kommilitonen mitzulaufen.

Die allermeisten Studierenden wechseln vom stark strukturierten und durch viele zeitliche und inhaltliche Vorgaben geprägten Schulalltag unmittelbar an die Uni. Ich gehörte einem der letzten Jahrgänge an, für den noch Wehr- bzw. Ersatzdienst verpflichtend war; die Bundeswehr war allerdings auch sehr gut darin, dem Tag eines Wehrpflichtigen Struktur zu bieten. Im Gegensatz dazu stellt sich das Studium an den meisten Universitäten als ein Lebensabschnitt dar, dem jede Studentin und jeder Student selbst eine gewisse Ordnung geben muss. Zwar gibt es Pflichtveranstaltungen, wie etwa

Arbeitsgemeinschaften, Kleingruppenkurse oder Klausurtermine, die zu bestimmten Zeiten besucht werden müssen. Auch der Vorlesungskalender bietet eine Orientierung für eine Art wöchentlichen Stundenplan, wobei viele der Veranstaltungen nicht zwingend besucht werden müssen. Die universitären Vorgaben sind also zwar hilfreich, aber keineswegs ausreichend als Anleitung für die Beantwortung der Frage „Was und wie soll ich heute eigentlich lernen?".

Da ist es nur natürlich, dass sich Studierende in den Anfangssemestern an ihren Kolleginnen und Kollegen orientieren. Es bilden sich schnell Muster heraus und der typische Alltag eines Studierenden wird so aussehen, dass selbstverständlich alle Pflichtveranstaltungen besucht werden, aber eben auch die übrigen Vorlesungen, die für das jeweilige Fach angeboten werden. Die Zeit drum herum verbringt man dann im Strom der Herde von (mindestens) 9 bis 18 Uhr in der Bibliothek und beschäftigt sich mit den empfohlenen Lehrbüchern und Skripten, die auch die meisten anderen Studierenden beackern.

Die Kunst besteht aber darin, eben nicht einfach mitzulaufen (oder noch schlimmer: hinterher), sondern möglichst früh für sich herauszufinden, wie man ganz individuell am besten lernt. Natürlich bedeutet dies, dass am Anfang festgestellt werden muss, welcher Stoff zu bewältigen ist, um eine Klausur zu bestehen. Dafür ist es sicherlich hilfreich, sich am Vorlesungsplan und der empfohlenen Literatur zu orientieren. Bestimmte Standardwerke wird jede Studentin und jeder Student in der Hand gehabt haben müssen. Allerdings gilt es hier, vorsichtig zu sein. Jeder lernt anders. Und die Auswahl von Literatur und Lernmethode ist entscheidend für den individuellen Erfolg. Auch wenn sich 95 Prozent der Studierenden das Abstraktionsprinzip mithilfe von Dieter Medicus erarbeiten, ist es durchaus legitim, den Medicus im Regal stehen zu lassen und sich dem Thema mithilfe anderer Werke zu widmen, die der bzw. dem hier betroffenen Studierenden einfach besser liegen, etwa weil sie eingänglicher geschrieben oder anders strukturiert sind. Es gibt Menschen, die textliche Darstellungen präferieren, andere wiederum verstehen Probleme erst, wenn sie graphisch aufbereitet sind. Dies muss man einsehen und befolgen. Wer mit bestimmten Büchern nicht lernen kann, verschwendet Zeit, wenn er sie liest. Und es gibt zusätzliche Vorzüge: Strafrecht AT habe ich beispielsweise mit dem Lehrbuch von Helmut Frister gelernt und eben nicht mit den Standardwerken. Das kann zwar gefährlich sein, weil Frister dafür bekannt ist, Mindermeinungen zu vertreten. Man muss sich daher auch mit der herrschenden Meinung beschäftigen, lernt aber umso mehr, überzeugend zu argumentieren.

Gleiches gilt für die Dauer des Lernens und die Lernumgebung. Ich persönlich war kaum in der Bibliothek. Hier habe ich mir oft Literatur eingescannt, die ich dann in meinem persönlichen Tempo (und gerne auch auf einer Wiese am See) bearbeitet habe. In der Bibliothek konnte ich mich nicht gut konzentrieren. Anstatt mich mit Ohropax auszustatten und um einen der begehrten ruhigen Plätze zu kämpfen, lag ich mit einem Skript in der Sonne. Und zwar dort, wo nicht – wie in der Bibliothek – viele Menschen um mich herum waren, mit denen ich viel lieber Kaffee trank und mich unterhielt, als mich auf das Lernen zu konzentrieren. Wenn ich merkte, dass ich einfach nicht weiterkam und gedanklich ausgebrannt war, habe ich das Buch zugeschlagen und mich zum Tennis verabredet – auch wenn es erst 14 Uhr war. Zwei Stunden konzentriertes Arbeiten sind oft produktiver (und immer effizienter) als vier Stunden unterbrochenes, quälendes und gezwungenes Lernen. Es bringt nichts, in der Bibliothek zu sitzen, nur weil die anderen Studenten dort auch sitzen. Es ist auch völlig egal, wer am längsten am Schreibtisch sitzt. Lieber konzentriert vier Stunden gelernt und am nächsten Tag entspannt und ausgeschlafen an der Prüfung teilnehmen als völlig übermüdet und mit rauchendem Kopf. Ebenso profitieren Studierende nicht davon, 90 Minuten in einer für sie nicht zugänglichen Vorlesung zu sitzen. Man kann diese Zeit besser nutzen und eben nur zu den Vorlesungen gehen, die von motivierten Professoren gehalten werden und bei denen das Format persönlich zusagt.

Bei allem Individualismus ist es jedoch unglaublich wichtig, sich auszutauschen. Sicherlich kommt es am Ende, von der mündlichen Prüfung abgesehen, darauf an, wie der Einzelne schriftlich argumentiert. Die Gedankengänge lassen sich aber wunderbar trainieren, wenn man auch ad hoc von Kommilitoninnen und Kommilitonen herausgefordert und der präsentierte Standpunkt in Frage gestellt wird. Erst in einer Diskussion stellt man fest, ob man die Zusammenhänge verstanden hat und ob man sich auf dem abgefragten Gebiet „bewegen" kann. Ich war daher ein großer Fan von Lerngruppen, die ich seit dem ersten Semester durchgehend bis zum Zweiten Examen gebildet habe. Gemeinsames Lernen und Diskutieren bringt fachlich sehr viel, wenn alle Beteiligten mitziehen und die Einheiten entsprechend vorbereiten. Sind diese Grundvoraussetzungen etabliert, kann man sich auch hier wieder ein Ambiente aufbauen, das für die jeweilige Gruppe förderlich ist. Für die einen mag es ein ruhiger Seminarraum sein – wir trafen uns regelmäßig in einem Studentencafé zum Brunch.

Der Puffertag als Überraschungstüte

Daniel Bunsen (Wissenschaftlicher Mitarbeiter bei Baker & McKenzie Partnerschaft von Rechtsanwälten und Steuerberatern mbB; Erstes Juristisches Staatsexamen 2016)

Ich habe Jura studiert und bin dann sofort ins Referendariat eingestiegen. Mein erstes Staatsexamen legte ich 2016 ab, mein zweites 2018. Derzeit promoviere ich und arbeite an zwei Tagen in der Woche als wissenschaftlicher Mitarbeiter bei Baker & McKenzie. Das mache ich gerne, denn so habe ich mehr oder weniger noch eine Art Studentenleben, und ich liebte mein altes Studentenleben – trotz, mit oder wegen Jura.

Mein Studium begann ich ohne besondere Erwartungen. Ein bisschen Aufregung war dabei – in Freiburg hatten wir Erstsemester ein durchschnittliches Abitur von 1,7. Die Mischung der Leute war gut und sehr vielfältig. Uns alle einte ein gewisser Ehrgeiz. Bei mir zielte der Ehrgeiz in keine spezielle Richtung. Vielmehr hatte ich ein generalistisches Interesse, das dahin ging, unsere Gesellschaft, andere Gesellschaften, zu verstehen. Welche Regeln geben sich Menschen selbst; was sind die äußersten Grenzen des Konsenses?

Dieses Interesse begleitete mich durch das Studium und verlieh mir den notwendigen Antrieb, in immer neuen Rechtsgebieten Antworten auf diese Fragen zu suchen. Jura ist immer nur das vorübergehende Ergebnis dieses Dialogs zwischen verschiedenen Disziplinen. Selbst von einer verwinkelten Norm des Kapitalmarktrechts ausgehend besteht ein durchgehend nachverfolgbarer Zusammenhang bis hin zum Grundgesetz und darüber hinaus. Dort angelangt stellen sich dann bereits große Fragen der Menschheit und der Kulturkritik. Diese das Recht durchziehenden Zusammenhänge zu suchen, zu entdecken und neu zu konstruieren, machte mir immer Freude – und das konnte man in der Vorlesung ebenso gut wie in einer Kneipe. Ich bin froh, dass ich einen Blick dafür hatte, denn das Abstrahieren von Details, das Betrachten größerer Koordinatensysteme, machte für mich den Reiz des Jurastudiums aus. Eine gewisse Demut vor der Tatsache, dass man nicht alles sieht, was trotzdem da ist, fördert die Lernfähigkeit. Ich möchte deswegen dazu anregen, in juristischen Themen immer das Andere, das Größere und das Wahre zu suchen. Meist findet sich solches in unvermuteter Nähe.

Was meinen praktischen Alltag angeht, besuchte ich ein Repetitorium. Das ermöglichte es mir, ergänzend an meinen Schwächen zu arbeiten. So weit ist das noch kein Jura-Hack. Das Repetitorium alleine wird einen nicht weit bringen, beließe man es dabei.

Mein Geheimtipp betrifft den eigenen Lernplan abseits des Repetitoriums: Ich baute in meine Lernpläne einen Puffertag in jeder Woche ein. Alle anderen hatten in ihren Lernplänen Pufferwochen in größeren Zeitabständen. Das führte bei den anderen dazu, dass sie entweder Tag und Nacht daran arbeiteten, nicht hinter den Lernplan zurückzufallen oder, wenn genau dies geschah, sie in ihrer Pufferwoche lediglich versuchten, das Liegengebliebene aufzuholen. Ich interpretierte das Puffern, wenn man das so nennen darf, anders: Der Puffertag war bei mir jede Woche eine Überraschungstüte. Anfang der Woche wusste ich nie, was ich am Puffertag lernen würde – es würde nichts sein, was bereits in meinem Lernplan steht. In jedem Fall würde mein Puffertag für den Themenplan der jeweiligen Woche maßgeschneidert sein. Ich machte mir dazu im wöchentlichen Lernplan Notizen zu Themen, die ich nicht verstand, schrieb mir Fundstellen zur

Vertiefung oder Wiederholung auf. Am Puffertag konnte ich dann diese Punkte abarbeiten. Der Vorteil des Puffertages lag vor allem darin, dass sich nie ein großer Berg an Arbeit auftürmte – wie es durchaus sein konnte, wenn die nächste Pufferwoche noch wochenlang auf sich warten ließ –, sondern immer nur eine kleine Unebenheit, die man jede Woche glattstreichen konnte. Wenn in der Nacht von Samstag auf Sonntag noch kräftezehrende Vorhaben umgesetzt wurden, konnte ich diese sorglos genießen, weil ich meinem Lernplan schlimmstenfalls nicht hinterherhing und bestenfalls sogar bereits mehr getan hatte, als mein Lernplan es von mir verlangt hatte. Dadurch lag mir nie ein zu großer Stein auf dem Herzen, wie ich es bei anderen beobachten konnte (die aber Samstag abends freilich dasselbe taten wie ich). Außerdem konnte man Fehler im Lernplan schneller korrigieren. Man musste nicht gleich alles umstellen, sondern konnte sofort auf falsch gesetzte Schwerpunkte oder andere Defizite der Vorausplanung reagieren. Dies alles nach dem Motto: Examensvorbereitung ist das, was passiert, während Du andere Pläne schmiedest. Und sollte sich doch mal eine Woche als genau richtig geplant herausstellen, dann konnte man gut wiederholen – über das ohnehin in jedem Lernplan notwendig enthaltene Wiederholen hinaus. Der ganze Lernplan stand unter dem Dogma des kreativen Chaos, das aber zur Nachvollziehbarkeit gut dokumentiert werden musste.

Zum Schluss noch zu meinem Lernplan, der in erster Linie darauf ausgelegt war zu erfassen, wo meine Schwächen lagen. Der Lernplan bestand aus einer Strichliste, die alle examensrelevanten Rechtsgebiete enthielt. Ich überlegte mir eine Gewichtung für jedes Gebiet, nahm die Gesamtzahl der mir zur Verfügung stehenden Lerntage (also vier pro Woche) und verteilte die Rechtsgebiete entsprechend ihrer Gewichtung auf diese Tage. Wann ich welches Rechtsgebiet lernte, war nicht so wichtig, vielmehr musste am Ende der Zeit die Strichliste die Gewichtung wiederspiegeln. Wenn ich „Ende“

sage, meine ich damit zwei Wochen vor der ersten Klausur. Die letzten zwei Wochen verwendete ich darauf zu wiederholen und kreuz und quer zu lernen, je nachdem, wovor ich mir in einer Klausur Sorgen machte.

Ich lege jedem nahe, nicht zu sehr auf die anderen zu gucken, sondern auf sich zu vertrauen. Ganz wesentlich ist, dass man sich auf ein Lernsystem verlassen kann, das einem Sicherheit gibt. Und Sicherheit gab es mir immer zu wissen, was ich nicht wusste. Denn wenn man nicht weiß, was man nicht weiß, dann entsteht eine Unruhe, die einen zum ständigen Grübeln verleiten kann. Und schließlich: Jeder hat eigene Ziele. Man sollte sich nicht von den hochgesteckten Zielen anderer verunsichern lassen. Egal, wo man hinmöchte, von jedem wird im Examen dasselbe verlangt.

In the end

Chantal Chassein (Doktorandin an der Ludwig-Maximilians-Universität München; Zweites Juristisches Staatsexamen 2019)

In einer Facebook Jura-Gruppe, der ich zu Beginn des Studiums beigetreten war, fragte einmal jemand: Wie würdest Du das Jurastudium in einem Satz beschreiben? Prompt fiel mir dazu eine Zeile aus „In the end“ von Linkin Park ein: „I've tried so hard, and got so far, but in the end, it doesn't even matter.“ Ein deprimierender Einstieg, ich weiß. Aber warum erschien mir dieser Satz als so sinnbildlich für den Studiengang? Und hält der Vergleich auch einem zweiten Blick stand? Dazu später.

Ich startete in das Jurastudium mit verhaltenem Erfolgsoptimismus. Ich kam aus der Provinz in die Großstadt, was einschüchternd genug sein kann. Weder war ich in der Schule eine Überfliegerin gewesen, noch hatte ich eine besondere Stärke in der Mathematik bewiesen, was – wie ich immer wieder gehört hatte – nützlich sei, wenn man Jura studieren wolle. Sudokus konnte ich ebenfalls nie etwas abgewinnen, dabei sei logisches Denken zu beherrschen ebenfalls „besonders wichtig“, so die Homepage meiner Wahl-Uni. Es blieben mir also meine sprachliche und argumentative Stärke und meine Begeisterung für dieses Studienfach.

Aber genügt das? Daran hatte ich große Zweifel. Und ich bin mir sicher, die hatten und haben viele Studenten, nachdem sie sich für ein Studium, das als eins der schwierigsten gilt, entschieden haben. Deshalb möchte ich schon zu Anfang etwas wiedergeben, was mir und meinen Kommilitonen von einem Professor im ersten Semester gleich zu Beginn der Vorlesung gesagt wurde: „Es gibt eine gute und eine schlechte Nachricht. Die schlechte Nachricht: Keiner in diesem Raum ist so intelligent oder begabt, dass er das Jurastudium schaffen kann, ohne irgendetwas dafür zu tun. Die gute Nachricht: Jeder in diesem Raum ist intelligent und begabt genug, um es zu schaffen, wenn er etwas dafür tut."

Diese Aussage wurde mein Mantra, gerade immer dann, wenn ich alle anderen für schlauer hielt oder in einem Sachenrecht-Tutorium nach zwanzig Minuten geistig ausgestiegen war. Sie trifft meiner Meinung nach den Nagel auf den Kopf. Mit genügend Fleiß und Aufwand kann das Jurastudium geschafft werden und das auch mit passablen Noten. Immer wieder habe ich mir ins Gedächtnis gerufen: Du kannst es schaffen, Du musst nur hart genug dafür lernen.

Und damit wäre ich auch schon beim ersten richtigen Tipp angelangt, weil ich die Erfahrung gemacht habe, dass es gar nicht so einfach ist herauszufinden, was „hartes Lernen" überhaupt bedeutet. Denn man kreiert beim Lernen kein greifbares Endprodukt, wie es normalerweise beim Arbeiten der Fall ist, sondern formt nur etwas im eigenen Kopf, was leider sehr flüchtig und mittelfristig auch schwer nachprüfbar ist. Ich habe bei mir selbst bemerkt, und auch bei vielen Kommilitonen, dass man sich nur allzu gerne zu etwas hinreißen lässt, was ich im Folgenden als Alibi-Lernen umschreibe. Das heißt: Man tut zwar etwas, aber eigentlich tut man doch nichts. Damit Du nicht in dieselbe Falle tappst und eine Einsicht, die ich erst in der Examensvorbereitung so wirklich akzeptiert habe, vielleicht schon früher erlangen kannst (was viel Frustration sparen kann), möchte ich an dieser Stelle ein wenig hierüber erzählen.

Jeder weiß, dass Lerntypen unterschiedlich sind – während ein Kommilitone sich immer alles in riesigen Mindmaps auf seinem Tablet organisiert hat, konnte ich zum Beispiel nie am Bildschirm lernen. Alles, was ich mir einprägen wollte – im Sinne von auswendig lernen, musste auf Papier stehen, das ich in Händen halten konnte und im Idealfall selbst verfasst hatte (schon dieser Vorgang trägt viel zum Lernprozess bei). Deshalb gibt es keine ultimative Lernmethode, die für alle gleich effektiv ist. Wichtig ist deshalb: Selbstreflexion. Man muss sich immer fragen, ob das, was man gerade tut, wirklich einen echten Nutzen hat. Besonders hinterfragen würde ich das bei folgenden Tätigkeiten, die ich häufiger selbst oder bei anderen erlebt und beobachtet habe, und deshalb in drei Stereotypen zusammenfasse:

Der Texte-Ausmaler – Auch davor wurden wir von einem Professor gewarnt. Skripte, Lehrbücher und Ähnliches mit verschiedenen Textmarkern farbig anzumalen, ist wohl nur dann wirklich hilfreich, wenn man ein gutes photographisches Gedächtnis hat. Ansonsten bleibt meiner Meinung nach wenig bis nichts hängen. Man hat aber trotzdem das Gefühl, etwas getan zu haben, wenn man sich stundenlang damit beschäftigt hat, und auch so geht ein Tag in der Bibliothek vorüber.

Der Lernmaterialien-Messie – Karteikarten schreiben, Mindmaps erstellen, Übersichten malen – das alles trägt, wie oben schon erwähnt, meiner Meinung nach auf jeden Fall zum Lernprozess bei. Bei den wenigsten wird es damit aber getan sein. Wer sich Stoff – wie ich – selbst „lernfähig“ aufbereitet, der muss diesen dann auch lernen. Es macht immer mehr Spaß, diese Dinge zu erstellen, als sich mit ihnen hinzusetzen und sich ihren Inhalt immer und immer wieder einzubläuen. Dasselbe gilt im Übrigen auch für Lernpläne – auch sie sind nur dann gut und sinnvoll, wenn sie irgendwann auch umgesetzt und nicht dauernd nur verworfen und neugestaltet werden.

Der Gewissens-Besucher – Gerade an größeren Jura-Standorten ist es möglich, sich seine Woche neben den Uni-Veranstaltungen nahezu komplett mit privaten Repetitorien jedweder Art zu füllen. Auch hier sind die Lerntypen unterschiedlich: Manche nehmen aus mehr oder weniger klassischem Unterricht viel mit, andere (so wie ich) eher weniger. Natürlich war es für mich sehr wichtig, gute Dozenten zu haben, die den Stoff begreifbar machen. Und dennoch saß ich unzählige Stunden in Veranstaltungen, bei denen das gerade nicht der Fall war, die ich aber besuchte, weil es immer angenehm ist, sich „berieseln" zu lassen, da man dafür aktiv nichts tun muss. Gerade bei privaten Repetitorien ist es aufgrund des Kostenaufwands besonders lohnenswert zu reflektieren, welche Wertigkeit diese Veranstaltungen für einen selbst haben. Da das Examenstraining an meiner Uni wirklich gut war, habe ich für das Erste Examen keinerlei private Repetitorien besucht – bevor man sich hierfür entscheidet, kann ich es also empfehlen, sich erst einmal an der Uni umzuschauen. Auch das bloße Besuchen einer Bibliothek ist für sich leider kein Erfolgsgarant – es kommt ganz darauf an, womit man seine Zeit dort verbringt.

Ich möchte klarstellen, dass Alibi-Lernen immer auch dazu gehört. Ich persönlich habe keine Kapazitäten, um acht Stunden am Tag wirklich effektiv und effizient zu lernen, insbesondere nicht über Monate und Jahre hinweg. Und Alibi-Lernen ist manchmal immer noch besser als gar nicht lernen: Texte anmalen oder in einem schlechten Repetitorium-Kurs sitzen hat sicher noch einen lerntechnischen Mehrwert gegenüber der auf Instagram verbrachten Zeit. Und an einem unkonzentrierten Tag Karteikarten zu schreiben, deren Inhalt so nebensächlich ist, dass man sie bei Wiederholeinheiten, wenn überhaupt, als Letztes ansehen wird, kann manchmal besser sein, als gar nichts zu tun.

Aber eben nur manchmal. Sprich: wichtig ist es, Alibi-Lernzeit von echter Lernzeit zu unterscheiden und sie dosiert und an den richtigen Stellen einzusetzen. Wenn man ein Gespür für diese Unterscheidung entwickelt hat, dann wird sich automatisch ein schlechtes Gewissen einstellen, wenn man dauerhaft zu wenig echte Lernzeit aufbringt.

Für denjenigen, der das Gespür entwickelt hat, wird es dann besonders wichtig sein, seine Zeit nicht mit Alibi-Lernen zu füllen, wenn er eigentlich Freizeit oder Ruhe und Entspannung braucht. Denn auch wenn es angenehmer sein kann, sich an einem späten Freitagnachmittag drei Stunden ohne jegliche Aufnahmefähigkeit in einen Kurs zu setzen, als sich vergeblich daran zu versuchen, etwas auswendig zu lernen, kostet es Kraft und Energie und ist keine Freizeit. Wenn Du Dich also unkonzentriert und unmotiviert fühlst und überhaupt keine Lust hast, Dich irgendwie mit Lernen zu beschäftigen, dann verbringe den Freitagnachmittag lieber im Biergarten oder gönn Dir ein paar freie Tage. Der Effekt, den die Auszeit auf Dein Lernen danach haben wird, ist viel wirkungsvoller, als diese stattdessen mit Alibi-Lernen verbracht zu haben. Die Zeit ist sonst am Ende doppelt vergeudet: Sie ist keine Freizeit, aber auch keine richtige Lernzeit, es profitiert also weder der Wissensstand noch die Erholung.

So viel zum „Lernen" an sich. Doch jetzt zurück zu dem Zitat von Linkin Park. Meiner Meinung nach ist das Jurastudium so aufgebaut, dass man die ersten Semester relativ stressfrei durchschippern kann. Zwar hält das Studium mit kleinen Scheinen, großen Scheinen und Wahlfächern schon ein paar Klausuren bereit, die man bestehen muss, allerdings empfand ich diese als überschaubar und deutlich entspannter gegenüber der Prüfungsphase, die Studenten anderer Fächer am Ende jedes Semesters über sich ergehen lassen müssen. Zudem ließ es sich – jedenfalls bei mir – gut gezielt auf die jeweiligen Klausuren lernen, weil eben doch oft absehbar ist, was abgeprüft wird. Ich habe also – ähnlich wie damals in der Schule – immer das gelernt, was für die Klausur relevant war. Zum mehr oder weniger erfolgreichen Bestehen hat das gereicht, aber gleichzeitig häufte sich im Hintergrund liegen gebliebener Stoff an, und mir schwante bereits, dass sich das irgendwann rächen würde.

Irgendwann hat man alle erforderlichen Klausuren und Vorlesungen hinter sich gebracht („I've tried so hard, and got so far") und langsam zeichnet sich ab, dass jetzt der Teil des Studiums kommt, dem es seinen schlechten Ruf zu verdanken hat: Das Staatsexamen mit seiner monströsen Stoffmenge („Was muss ich dafür lernen?" – „Alles!") und davor ein bis anderthalb oder gar zwei Jahre Examensvorbereitung. Jetzt wird es langsam ungemütlich, das weiß man schon aus Erzählungen. Und jetzt rächt sich auch, dass doch viel Stoff auf der Strecke geblieben ist. Die Examensvorbereitung ist ein Wettlauf gegen die Zeit, zum einen weil der Examenstermin droht und zum anderen, weil vergangene Zeit immer Vergessen bedeutet. Es ergeht einem ein wenig wie Sisyphos, nur, dass man nicht nur einen Stein den Berg hinauf rollen muss, sondern viele, und sobald ein paar oben sind, rutschen andere wieder nach unten. Es empfiehlt sich deshalb, sich einen Lernplan mit Wiederholungsstruktur zu erstellen, zumindest für das letzte Jahr vor dem Examen. Ab dem Zeitpunkt des ersten Lernens einer Stoffeinheit habe ich mit folgenden Wiederholungsintervallen gearbeitet: 24 Stunden, 7 Tage, 14 Tage, danach alle 4 Wochen. Da die Stoffmenge auch beim Ersten Staatsexamen schon so enorm ist, muss man hier nach einiger Zeit flexibel werden und Gebiete auslassen, die man schon recht stabil beherrscht, um Platz für noch zu wenig gelernten Stoff zu schaffen. Wenn man das halbwegs bewältigen kann, dann ist diese Methode meiner Meinung ein Erfolgsgarant für den Kampf gegen das Vergessen.

Ich möchte Dir noch eine weitere Sache für die Examensvorbereitung ans Herz legen: Finde Dich so früh wie möglich mit dem Gedanken ab, nicht alles wissen und lernen zu können. So funktioniert das Jurastudium nicht. Die Examensklausuren beinhalten zwar immer wieder Klassiker, aber selbst davon gibt es so viele, dass es kaum möglich ist, sie alle detailliert zu beherrschen. Daneben kommt aber eben auch viel Neues, es geht gerade darum, dem Prüfling unbekannte Situationen zu präsentieren, in denen er sich nicht auf auswendig Gelerntes berufen kann, sondern die er mit juristischem Handwerkszeug bewältigen muss. Um eine Routine für diese Situationen zu entwickeln und sie trotzdem halbwegs souverän zu meistern, ist es meiner Meinung nach absolut unverzichtbar, etliche Übungsklausuren zu schreiben. Viele Jura-Kollegen hassten vor allem das Klausuren-Schreiben in der Examensvorbereitung am meisten, letztlich ist aber auch das Geschmackssache – ich empfand es als regelrecht angenehm, als Abwechslung vom üblichen Lernen mal für fünf Stunden ein Produkt anzufertigen, etwas, das ich am Schluss in meinen Händen halte. So oder so bereitet einen nichts so gut auf das Examen vor wie das Klausuren-Schreiben. Eine pro Woche ist im Jahr vor dem Examen Minimum, besser sind zwei oder im Schnitt 1,5. Je näher man sich dabei, etwa hinsichtlich Zeit und Hilfsmitteln, an den realen Bedingungen bewegt, desto mehr Übungseffekt hat man. Ich persönlich habe es vor dem Ersten Examen völlig versäumt, die Übungsklausuren auch nachzubereiten. Wenn sie nach einigen Wochen aus der Korrektur zurückkommen, weiß man kaum mehr, worum es im Sachverhalt ging, und hat, um ehrlich zu sein, auch keine große Lust, sich nochmal einzuarbeiten. Aber wie nützlich es ist, sich erneut mit der Korrektur und der Musterlösung hinzusetzen, habe ich im Rahmen der Vorbereitung auf das Zweite Staatsexamen gemerkt. Nur so erkennt man seine Fehler und Schwächen und kann diese beim Schreiben der nächsten Klausur vermeiden. Rückblickend würde ich für mich sagen, war es nahezu töricht, diesen Mehrwert der Übungsklausuren im Studium nicht mitzunehmen.

„But in the end, it doesn't even matter" – im deutschen Mittelwert fällt etwa jeder dritte Jurastudent durch das Erste Staatsexamen. Im Vergleich zu denjenigen Studiengängen, die durch eine Bachelorarbeit abgeschlossen werden, ist das ein frustrierender Wert. Aber dabei wird immer unterschlagen, dass der Anteil derer, die das Erste Staatsexamen endgültig nicht bestehen (also auch nicht im Wiederholungsversuch), deutlich niedriger ist, nämlich bei unter zehn Prozent liegt. Sprich: Es ist nicht so unwahrscheinlich, das Examen nochmal schreiben zu müssen, aber es ist eher unwahrscheinlich, es auch dann nicht über die vier Punkte zu schaffen.

Deshalb: Ruhe bewahren. Es hat sich gezeigt: Linkin Park's Zitat passt nur auf den ersten Blick. Dann, wenn man entweder zu wenig für das Examen lernt oder zu viel Zeit mit Alibi-Lernen verbringt. Ansonsten trifft die Aussage meines Professors zu: Jeder Jura-Student kann es schaffen. Sei ehrlich zu Dir selbst. Man muss auch in der Examensvorbereitung nicht auf Freizeit verzichten, es ist meiner Meinung nach sogar alles andere als zielführend, sich komplett zu verschanzen. Was den Zeitaufwand angeht, habe ich mir vorgestellt, das Lernen sei ein 40-Stunden-Job mit Gleitzeit, plus eine Klausur am Samstagvormittag. An guten Tagen habe ich zehn Stunden, an schlechten vier gelernt. Samstagnachmittag und Sonntag waren für mich immer frei, und auch diese Zeiten sind meiner Meinung nach absolut essenziell für ein erfolgreiches Examen.

Erleichtern kann man sich das Ganze zusätzlich, wenn man schon in den ersten Semestern die Vorarbeit hierfür leistet. Ich für meinen Teil würde rückblickend während des Studiums nicht nur für die Pflichtklausuren lernen, sondern auch außerhalb dessen versuchen, Grundlagenwissen dauerhaft zu behalten. Je solider das Grundgerüst ist, mit dem man in die Examensvorbereitung startet, desto weniger neigt man zu Panik und desto besser kann die Examensnote letztlich werden.

Ich weiß nicht, ob Du das Jurastudium bei Befolgen dieser Tipps lieben lernen wirst. Aber ich bin sehr zuversichtlich, dass Du es meistern wirst. Und das lohnt sich - nicht nur langfristig im Hinblick auf das Berufsleben –, sondern auch ganz punktuell, wenn man die Examensnote einsehen darf und erkennt: All das harte Lernen hat sich ausgezahlt. Insofern würde ich das eingangs genannte Zitat gerne korrigieren, denn auf das Jurastudium kann vor allem Folgendes zutreffen: „I've tried so hard, and got so far, and in the end, it was all worth it."

Handy ins Schließfach

Gwen Sophie Deibel (Doktorandin an der Universität zu Köln, Juristische Mitarbeiterin bei Baker & McKenzie Partnerschaft von Rechtsanwälten und Steuerberatern mbB; Erstes Juristisches Staatsexamen 2019)

Die Tatsache, dass die Realitäten des juristischen Studiums ebenso wie die anschließende Berufstätigkeit am Ende wenig mit amerikanischen Filmen und Anwaltsserien zu tun haben, dürfte die wenigsten Leserinnen und Leser dieses Buches überraschen. Ebenso wenig gab es (leider) in meinem Studienverlauf den einen ultimativen Lifehack oder die eine geniale Lerntechnik, mit der auch die langweiligsten Gebiete des Verwaltungsrechts zu bewältigen waren. Dennoch würde ich meine Entscheidung für dieses Studium ohne eine Sekunde zu zögern immer wieder treffen. Denn trotz aller Hürden des Studiums, die es zu meistern gilt, begeistern mich das Recht und die Rechtswissenschaften bis heute.

Die erste Schwierigkeit zu Beginn des Studiums und auch später in der Examensvorbereitung lag für mich darin, oftmals völlig ohne Feedback auf sich gestellt zu sein. Lernte man effektiv? Lernte man das Richtige? Und waren nicht alle anderen sowieso viel besser vorbereitet? Diese Verunsicherung wurde in einigen Vorlesungen verstärkt, da im ersten Semester leicht der Eindruck entstehen konnte, dass einige – besonders jene Studierende aus Juristenfamilien – schon auf jede Frage des Professors eine Antwort geben konnten. Mit der Zeit lernte ich jedoch, dass jene Kommilitoninnen und Kommilitonen, die behaupteten, den gesamten Stoff erfasst und verstanden zu haben, selten diejenigen waren, die auch besonders herausragende Ergebnisse in den Klausuren vorweisen konnten. Nachdem diese Erkenntnis zwar über die Semester bei mir angekommen war, begann jedoch mit der Examensvorbereitung eine neue Phase der Verunsicherung. Maßgeblich ausgelöst wurde dies durch die Tatsache, dass es Studierende gab, die scheinbar zu jeder Tages- und Nachtzeit in der Bibliothek anzutreffen waren. Da ich mir ein gutes Ergebnis im Examen vorgenommen hatte, war ich felsenfest davon überzeugt, dieses Ziel niemals zu erreichen, wenn ich nicht auch mindestens so viele Stunden im juristischen Seminar verbrachte. Das stimmt natürlich nicht, Sitzfleisch in der Bibliothek zählt schlicht nicht. Niemand kann sich über zehn Stunden am Tag effektiv konzentrieren.

Tipp 1: Höre niemals auf Leute, die behaupten, alles zu können. Niemand kann alles im Jurastudium. Und allein die Anzahl der Stunden, die jemand in der Bibliothek verbracht hat, hat überhaupt keine Aussagekraft bezüglich der Befähigung zum Studium.

Auch wenn man sich nicht von anderen Studierenden verunsichern lässt, so bleibt die elendige Frage der Motivation bei einem derart langen Studium nicht aus. Den überwiegenden Teil der Studieninhalte fand ich tatsächlich faszinierend. Doch besonders im Verwaltungsrecht habe ich es bis zum Examen nicht geschafft, mir einzureden, dass ich irgendeine Form der Begeisterung dafür aufbringen kann, welche Klageart nun für das Vorgehen gegen eine Nebenbestimmung einschlägig ist.

Für mich galt es daher, einen Antrieb zum Lernen für die Verwaltungsrechtsklausuren zu finden. Dieser fand sich überraschenderweise bei meiner Tätigkeit für die Refugee Law Clinic Cologne e. V. Bereits im ersten Semester hatte ich die Vorlesung zum Asyl- und Aufenthaltsrecht besucht und begonnen, Mandate zu übernehmen. Dass es sich bei alldem im

Kern um Verwaltungsrecht handelte, wurde mir erst deutlich später bewusst. Doch ab diesem Zeitpunkt spielte ich sämtliche Konzepte des allgemeinen Verwaltungsrechts und des Verwaltungsprozessrechts an Mandatsfällen aus der Refugee Law Clinic durch. Für meine Mandanten wollte ich das Bestmögliche leisten, wofür eben auch solide Kenntnisse im Verwaltungsrecht nötig sind. Auch wenn das Verwaltungsrecht dadurch nicht zu meinem liebsten Rechtsgebiet wurde, schaffte ich es, dass sich die Beschäftigung damit nicht mehr wie pure Quälerei anfühlte. Zudem wurden meine Noten in verwaltungsrechtlichen Klausuren stetig besser.

Tipp 2: Überlege Dir ein Ziel, einen Grund, einen Gedanken, der Dich antreibt. Eine positive Motivation wird immer mehr helfen, als sich auf Panik vor dem Durchfallen als Antrieb zu fokussieren.

Ein weiterer Ansatz, um mich zum Lernen zu motivieren, war das Erstellen ausführlicher To-do-Listen und Lernpläne. Mir hat es immer unheimlich gut getan, mir durch das Abhaken von Aufgabenpunkten das eigene Vorankommen vor Augen zu führen. Denn ansonsten fühlte es sich bei der unglaublichen Menge an Stoff für das Staatsexamen leicht so an, als würde man auf der Stelle treten. Sehr wichtig ist aber, neben einer realistischen Einschätzung des eigenen Lerntempos bei der Erstellung von Lernplänen, dass To-do-Listen möglichst kleinteilig sind. Wer sich „Europarecht“ als Aufgabenpunkt aufschreibt, wird nicht von dem motivierenden Effekt des Abarbeitens seiner To-do-Liste profitieren. Stattdessen sollten konkrete Abschnitte im Skript, ggf. ein oder zwei Urteile und ein ausgewählter Übungsfall, auf dem Plan stehen.

Tipp 3: Die unglaubliche Masse an Stoff macht es schwer, die Übersicht zu behalten und nicht direkt aufzugeben. Suche Dir ein Lehrbuch oder Skript, dessen Erklärungen Dir liegen. Und nutze diese Unterteilung, um kleinteilige To-do-Listen mit einem realistischen Zeitplan zu erstellen.

Mit der beste Trick meiner Examensvorbereitung war, auch wenn es sich dabei mitnichten um einen Geheimtipp handelt, denn wir bekamen das mehrfach von Professoren empfohlen, mein Handy nicht mit in die Bibliothek zu nehmen. Da es mir zugegebenermaßen sehr schwer fiel, mein Handy den ganzen Tag zu Hause zu lassen, schloss ich es morgens ins Schließfach ein, damit ich es wenigstens in der Mittagspause nutzen konnte. Auch wenn ich nie das Gefühl gehabt hatte, übermäßig viel am Handy zu hängen, spürte ich deutlich, wie viel effektiver ich von da an lernte.

Tipp 4: Lass Dein Handy zu Hause oder im Schließfach. Oder lege es bei einer Kommilitonin oder einem Kommilitonen ein paar Plätze weiter hin. Außer, Du hast die übermenschliche Disziplin, die mir immer gefehlt hat, den ganzen Vormittag tatsächlich nicht draufzuschauen.

Schlussendlich braucht man neben der passenden Motivation im Jurastudium auch eine gute Lerntechnik. Denn spätestens mit der Examensvorbereitung versagt – zumindest bei den allermeisten Studierenden – die Taktik, sich den Stoff kurz vor der Klausur ins Kurzzeitgedächtnis zu prügeln. Die passende Lerntechnik ist sehr individuell, so dass ich zu diesem Punkt meine Erfahrung nicht unbedingt verallgemeinern möchte. Meine eigene Taktik war das Schreiben einer Unmenge an Karteikarten; bis zum Examen hatte ich zwölf Boxen davon produziert. Dabei habe ich diese Karten immer als zweite Wiederholung einer bestimmten Thematik betrachtet. Wenn also im Januar die Raubdelikte im Repetitorium behandelt wurden, habe ich meine Karteikarten zu diesem Thema erst zwei Monate später geschrieben. Mir blieben schon immer Informationen langfristig im Gedächtnis, wenn ich diese niedergeschrieben hatte. Besonders effektiv war es, wenn ich mir die Zeit nahm, eine eigene Formulierung aufzuschreiben und nicht wortgleich den Text aus dem Skript kopierte.

Tipp 5: Definitionen müssen nun mal sein. Kann man blöd finden. Aber Karteikarten helfen, auch wenn man sie nach dem Schreiben nie wieder anschaut.

Skripte – Do it yourself

Jennifer Deschins (Rechtsanwältin bei Debevoise & Plimpton LLP; Erstes Juristisches Staatsexamen 2014)

Nachdem ich ein Schulpraktikum in einer Kanzlei bei uns im Ort absolviert hatte, stand mein Studienwunsch schon in der 10. Klasse fest. Der Studienort war dann auch schnell gefunden: gute Referenzen und die Nähe zu meiner Familie führten mich ab 2009 zum Studium der Rechtswissenschaften an eine Universität in Nordrhein-Westfalen.

Während der ersten Wochen entdeckte ich schnell mein Interesse an Strafrecht. Mit dem AT konnte ich mich stundenlang beschäftigen und auch das Lernen des Stoffs stellte sich aufgrund der neu gefundenen Leidenschaft als unproblematisch dar. Für öffentliches Recht interessierte ich mich zu Beginn zwar etwas weniger, aber die Klausuren machten mir zum Glück keine Probleme. Mir gefiel, dass ein Schwerpunkt im öffentlichen Recht auf Abwägungen und Argumentationen gelegt wurde. Spätestens als wir mit den Grundrechten begannen, befand ich mich in meinem Element.

Gerade in den ersten Semestern bereitete mir dafür vermehrt das Zivilrecht Schwierigkeiten. Aufgrund der Fülle an verschiedenen Themen und Konstruktionen fehlte mir der rechte Zugang zum Stoff. Im Gegensatz zum Strafrecht und zum öffentlichen Recht erschloss sich mir das „Große Ganze" oder auch System des Zivilrechts nicht, da wir immer nur häppchenweise Konstruktionen/Fallgestaltungen in den Vorlesungen und den Seminaren kennenlernten. Um einen neuen Zugang zum Zivilrecht zu finden, beschloss ich, mindestens drei- bis viermal die Woche eine BGH-Entscheidung zu einer von mir nicht verstandenen Konstruktion (z. B. Drittschadensliquidation, Eigentümer-Besitzer-Verhältnis) zu lesen, um zu verstehen, in welchem Kontext diese geprüft wird und warum. Meine Mitschriften ergänzte ich dann um die Erkenntnisse aus diesen Entscheidungen. Diese Angewohnheit versuchte ich so gut wie möglich über die Semester durchzuhalten. Dadurch baute ich mir langsam aber stetig mehr Hintergrundwissen und Verständnis des Zivilrechts auf, so dass meine Noten mit der Zeit tatsächlich besser wurden.

Insgesamt versuchte ich, über das gesamte Studium hinweg eine Routine in meinem Lernen zu verfolgen. Jeder Studientag begann mit einer kurzen Stichwortliste, welche Ziele ich an diesem Tag erreichen wollte. Um mich nicht zu demotivieren, versuchte ich, realistisch an die Sache heranzugehen. Wenn ein schwieriges Thema anstand, das möglicherweise auch eine Vielzahl an Seiten im Skript abdeckte, war dieses Thema auch der einzige Punkt auf der Liste (vielleicht mit ein paar kleinen Unterpunkten). Am Ende des Tages konnte ich dann die Liste abhaken und hatte das zufriedenstellende Gefühl, alles geschafft zu haben, was ich mir für den Tag vorgenommen hatte.

Weiterhin musste ich über die Semester hinweg meine Lerntechnik perfektionieren, um meine Lernzeit möglichst effektiv nutzen zu können. Ich schrieb zunächst Karteikarten und beschriftete diese – wie beim Vokabellernen – auf der Vorder- und Rückseite mit selbst formulierten Fragen und Antworten. Schon nach kurzer Zeit stellte ich fest, dass diese Technik nicht für mich gemacht war. Es kostete mich viel Zeit, die Inhalte zu verstehen und sie dann in Fragen und Antworten zu übertragen. Nach einer Woche musste ich schon wieder ein Buch zur Hand nehmen, um die Karteikarte komplett verstehen zu können. Diese Vorgehensweise war für mich kontraproduktiv. Ich beschloss daher, meine eigenen Skripte zu schreiben. Auf diese Weise hatte ich immer alle relevanten Informationen zur Hand und konnte schnell nachschlagen, wenn mir eine Information entfallen war. Um ein solches eigenes Skript zu erstellen, nahm ich das Skript oder das Lehrbuch aus der Vorlesung sowie meine Mitschriften zur Hand und erstellte eine neue Zusammenfassung (inklusive Beispielfälle). Beim Lernen half mir dabei schon das erste handschriftliche Niederschreiben des Textes.

Nachdem ich ein Skript erstellt hatte und die Klausuren anstanden, begann ich, dieses auswendig zu lernen. Neben dem Lernen durch lautes Vorsprechen halfen mir noch zwei weitere Tricks: Da mir das Auswendiglernen leichter fiel, wenn ich dabei Sport machen konnte, beschloss ich, problematische Themen, die ich noch nicht verstanden hatte, als Sprachmemo auf mein Handy zu sprechen. Während des Laufens hörte ich mir dann mehrmals meine Erklärungen an und versuchte, diese nachzuvollziehen. Als die Klausuren näher kamen, begann ich, beim Laufen die verschiedenen Themen in einem Skript zu rekapitulieren. Da ich neben dem auditiven Lernen auch gerne visuell lerne, konnte ich mir die verschiedenen Seiten meiner Skripte sowie den Aufbau des Skripts gut vorstellen. Ich habe diese „Lauf-Lerneinheiten" immer genossen, da ich so mindestens 30 Min. ohne Unterbrechung mit meinen Gedanken alleine sein konnte. Sobald ich wieder zuhause angekommen war, überprüfte ich die Themen, die mir noch fehlten oder bei denen ich Defizite festgestellt hatte.

Ein weiterer Trick, der mir beim Verständnis von problematischen Fragestellungen half, war die Erstellung einer Mind Map oder Übersicht. Diese brachte ich dann an einer gut sichtbaren Stelle in meiner Wohnung an und zwang mich, ein paarmal pro Woche die Übersicht durchzugehen, bis ich das Problem verinnerlicht hatte. Dann wurde die Übersicht durch eine neue Übersicht eines anderen Problems ersetzt.

Während meiner Studienzeit hat sich weiterhin bewährt, dass ich ab dem 3. Semester mit zwei Kommilitoninnen zusammengewohnt habe. Wir hatten uns alle im ersten Semester kennengelernt und angefreundet. Da wir die gleichen Grundkurse belegten sowie später auch gemeinsam ins Examen starteten, konnten wir uns untereinander immer absprechen, gemeinsam lernen und problematische Fallgestaltungen diskutieren – gerne auch abends gemeinsam am Küchentisch, bevor der gemütliche Teil begann. Dadurch, dass wir alle in einem Boot saßen, war es einfacher, sich zum Lernen zu motivieren und dann – gerade auch in der Examenszeit – gemeinsam morgens zur Bibliothek aufzubrechen.

Im Gegensatz zu vielen meiner Kommilitonen fand ich die juristische Bibliothek jedoch eher weniger attraktiv, da es meiner Einschätzung nach dort grundsätzlich zu voll war und man ständig durch die vielen bekannten Gesichter abgelenkt wurde. In der Examenszeit habe ich es mir daher zur Gewohnheit gemacht, in die Lehramtsbibliothek um die Ecke zu gehen. Ein Bekannter hatte mir diesen Ort empfohlen, der allen Studierenden offenstand, und es war ein reiner Segen, dort zu lernen. Die Bibliothek war eher spärlich besucht und im Gegensatz zur juristischen Bibliothek, die aus mehreren großen Räumen bestand, gab es in dieser Bibliothek nur mehrere kleine Räume mit Bücherregalen und einem Gruppentisch. Ich genoss daher regelmäßig die Ruhe in einem der Gruppenräume und konnte ohne viel Ablenkung mein Tagespensum abarbeiten.

In der Examenszeit führte ich neben dem regelmäßigen Gang zur Bibliothek noch zwei weitere Routinen ein: Auf der einen Seite begann ich von nun an jeden Tag meine morgendliche Lernroutine mit dem Lesen eines Urteils aus einer juristischen Zeitschrift – abwechselnd Zivilrecht, öffentliches Recht und Strafrecht. Das Artikellesen half mir, die aktuelle Rechtsprechung zu verfolgen. Andererseits schrieb ich jeden

Samstag und Sonntag morgens eine Klausur. Samstags folgte danach noch eine weitere Lerneinheit nach einer längeren Lernpause. Sonntags hingegen versuchte ich, mir nach der Klausur den restlichen Tag frei zu nehmen. Gerade bei einem Marathon wie dem Examen war es mir wichtig, auch zwischendurch ein paar Zeiten zum Entspannen einzubauen.

Der Beginn einer wunderbaren Freundschaft

Dr. Alexander Dietrich (Berufsmäßiger Stadtrat und Personal- und Organisationsreferent der Landeshauptstadt München, Vorsitzender des Kommunalen Arbeitgeberverbandes Bayern; Erstes Juristisches Staatsexamen 2001)

Mein Verhältnis zu Jura? Heute eine große Freundschaft, während des Studiums ein eher schwieriges Verhältnis, so lässt sich mein Weg durch das Jurastudium zusammenfassen. Wie kam es dazu? Bereits seit der 10. Klasse des Gymnasiums stand für mich fest, dass ich Jura studieren wollte. Auslöser war damals das Fach „Rechtskunde", das ich als Wahlfach belegt hatte. Die Begeisterung löste aber weniger die Materie, sondern vielmehr der Lehrer aus. Es war kein normaler Lehrer, sondern ein ehemaliger Schüler meiner Schule und zwischenzeitlich juristischer Verwaltungsbeamter, der Rechtskunde im Nebenberuf unterrichtete und es gut verstand, die doch etwas trockene Materie durch seine humorige Art gekonnt zu vermitteln. Nach meinem Wehrdienst begann ich mit dem Jurastudium an der Ludwig-Maximilians-Universität in München. Die ersten Probeklausuren im Zivilrecht und im öffentlichen Recht schloss ich mit 2-stelligen Ergebnissen ab, ohne viel dafür gelernt zu haben und glaubte dann, der geborene Jurachecker zu sein. Welch ein Irrtum! Das böse Erwachen kam dann schon ab dem 2. Semester, die Punktwerte gingen nach unten, die Zweifel, ob Jura das richtige für mich sei, wuchsen. Trotzdem konnte ich die kleinen Scheine mehr schlecht als recht erwerben. Nach dieser

Phase stellte ich aber fest, dass ich mit der Juraausbildung an der Universität recht wenig anfangen konnte und ging dann schon ab dem 4. Semester zum Repetitor. Ich entschied mich nicht für einen der großen Anbieter, sondern für einen Rechtsanwalt, der ein Kleingruppenrepetitorium im Zivilrecht und im öffentlichen Recht anbot. Das rettete mich dann auch über die großen Scheine, die ich nach dem 6. Semester gerade so, vielleicht auch mit viel Glück, bestanden hatte.

Ich hatte zwar die Scheine in der Tasche, dennoch war ich frustriert, da ich nie über ein „ausreichend" hinauskam und auch in mehreren Klausuren und Hausarbeiten durchgefallen war. Die Zweifel, ob Jura das richtige für mich sei, waren stark und ich suchte schon nach konkreten Alternativen. Da ich aber keine wirklichen Alternativen fand und mir die Niederlage auch nicht eingestehen wollte, entschloss ich mich, es doch mit dem Freischuss zu versuchen. Das Problem: es war Januar, der Freischuss stand im September an, mir blieben also knappe acht Monate zur Examensvorbereitung. Meine Kommilitonen meinten, es sei aussichtslos und belächelten mich ob meines Plans, nach nur acht Monaten Examensvorbereitung den Freischuss zu versuchen. Ich dachte mir: Du hast keine Chance, also nutze sie. Im ersten Staatsexamen hat man mit dem Freischuss drei Chancen, und ich kann rückblickend wirklich nur empfehlen, diese Chancen auch zu nutzen.

Aber ich brauchte eine Strategie. Wie um Himmels willen sollte ich es schaffen, mich in nur acht Monaten auf das Examen vorzubereiten? Da fielen mir einige Punkte ein, die mir der Repetitor empfohlen hatte. Seine erste und wichtigste Botschaft war: die Basics, insbesondere die Schemata, müssen sitzen! Diese musst Du im Schlaf beherrschen! Sein zweiter Tipp: das Examen ist zur Hälfte Nervensache, schau also, dass Du nicht völlig erschöpft in das Examen gehst! Dritte Botschaft: habe ein gutes aktuelles Allgemeinwissen! Und last but not least: habe einen Plan!

Also stand meine Strategie fest: *Basics, Nerven, Allgemeinwissen und ein guter Plan.*

Für die Basics besorgte ich mir neben den einschlägigen Skripten eines großen juristischen Repetitoriums, ein Karteikartensystem mit Fragen und Antworten und Karteikarten mit den wichtigsten Schemata. Diese begleiteten mich bis zum Examen.

Nervensache: ich achtete auch während der Vorbereitungszeit auf eine ausgewogene Work-Life-Balance, sorgte für regelmäßige freie Zeiten und gönnte mir auch das Wochenende, zumindest ab Samstagmittag. Was sicher nicht jedermanns Sache ist, mir aber sehr geholfen hat: ich gönnte mir ein paar Wochen vor dem Examen einen einwöchigen Urlaub in Griechenland. Hier begleiteten mich zwar meine Karteikarten auch an den Strand, ich hatte jedoch auch genug Gelegenheit, mich zu erholen und den Kopf frei zu bekommen. Im Nachhinein sehe ich das als wesentlichen Bestandteil meines Examenserfolgs.

Das aktuelle Allgemeinwissen zu bekommen, war keine große Umstellung, da ich es gewohnt war, regelmäßig Zeitung zu lesen. Hier legte ich den Fokus aber vor allem auf rechtspolitische Themen. Was ich für examensrelevant hielt, vertiefte ich durch entsprechende Literatur.

Der Plan war aber das Wichtigste. Ich erstellte mir eine Excel-Tabelle, in der ich für jeden Tag bis zum Examen exakt plante, was am Vormittag und was am Nachmittag auf der Lernagenda zu stehen hatte. Auch Freizeitblöcke plante ich hier ein. Ich teilte mir die Monate bis zum Examen in eine Lern- und eine Wiederholungsphase auf. Die Phasen unterteilte ich jeweils nach den Rechtsgebieten und plante tageweise meinen Lernstoff.

Leitmedium beim Lernen waren für mich die Karteikarten, vor allem jene mit den Fragen und Antworten, sowie die Schemata. Beides lernte ich nahezu auswendig, wobei ich immer darauf achtete, dass ich das nicht stur auswendig lernte, sondern vor allem verstand. Wenn ich etwas nicht verstand, versuchte ich das Problem anhand entsprechender Literatur zu begreifen.

Als das Examen kam, wuchsen meine Zweifel: Bin ich wirklich richtig vorbereitet? Reicht das? Eines gab mir aber Sicherheit: Ich wusste, dass ich die Basics beherrschte und in keinem Rechtsgebiet eklatante Lücken hatte. Trotzdem war ich verunsichert, da die Ansicht weit verbreitet ist, man könne kein Examen bestehen, ohne 100 Klausuren geschrieben zu haben und die Rechtsprechung der obersten Gerichte nahezu auswendig zu kennen. Doch im Examen lief es gefühlt gar nicht so schlecht. Gleichzeitig hatte ich große Zweifel, ob ich das Examen bestanden habe. Diese Zweifel wurden dann Gott sei Dank durch die schriftliche Notenbekanntgabe mehr als ausgeräumt.

Im mündlichen Examen konnte ich mich dann noch weiter verbessern, wobei ich erstaunt war, wie gut meine Strategie aufging. Durch ein breites Allgemeinwissen konnte ich mich deutlich von den Mitprüflingen abheben. Ich war erstaunt, wie wichtig das allgemeine Verständnis und wie unwichtig die einzelne Rechtsprechung vor allem im mündlichen Examen war.

Die Strategie wiederholte ich auch im 2. Examen, wobei ich mir hier eine wesentlich längere Vorbereitungsphase gönnte. So sind Jura und ich doch noch Freunde geworden, wobei sich die Freundschaft vor allem in meiner praktischen juristischen Tätigkeit als Rechtsanwalt, Staatsanwalt, Richter am Amtsgericht und jetzt als Berufsmäßiger Stadtrat vertieft hat. Heute stelle ich die Jurist*innen für die Landeshauptstadt München ein. Das hätte ich mir in der Examenszeit niemals vorstellen können.

Vom relativ gut sein

Marc Dümenil (Rechtsanwalt bei Heuking Kühn Lüer Wojtek Düsseldorf; Erstes Juristisches Staatsexamen 2016)

Möchte man sich nicht in Offensichtlichem und Redundanz verlieren, ist es nicht leicht, gute Tipps und Tricks für ein erfolgreiches (Jura-)Studium zu geben. Ich möchte es dennoch versuchen und meine eigenen Erfahrungen und Überlegungen teilen.

Jeder Jurastudent wird irgendwann einmal, in unterschiedlicher Formulierung, von einer weit verbreiteten Annahme hören. Sie bezieht sich auf die Benotung und lautet in etwa so: „man muss nur relativ gut sein“ oder auch: „man kann schlecht sein, man muss nur besser sein als die anderen“. Diese Aussage nützt zuerst einmal niemandem etwas. Denn selbst wenn das so stimmt – was meiner Ansicht nach der Fall ist – ist man damit noch lange nicht „relativ gut“ oder „besser als die anderen“ und erhält dadurch seine Wunschpunktzahl. Sie erschöpft sich damit zunächst in einem Hinweis, durch den man nichts gewonnen hat. Frei nach dem vermeintlichen Dogma: Vorrang der Leistungskondiktion. Wie so oft im Jurastudium ist es erforderlich, sich ein Verständnis für diesen gut gemeinten Hinweis selbst zu erarbeiten, ihn zu hinterfragen und eigene Schlüsse daraus zu ziehen.

An einem bestimmten Punkt im Studium – ich erinnere mich nicht mehr genau wann, es wird aber in den höheren Semestern gewesen sein – ist mir bewusst geworden, wie man diesen Spruch zu seinem eigenen Vorteil nutzen kann. Genauer gesagt, was hinter diesem Spruch steckt.

Das Jurastudium so anzugehen „wie alle anderen" (wenn es so etwas überhaupt gibt), also so zu lernen oder sich so vorzubereiten wie alle anderen, kann nicht alleiniger Erfolgsgarant sein. Wenn das, was alle machen, alleiniger Erfolgsgarant wäre, würde es die erheblichen Notenunterschiede in diesem Studium nicht geben. Man mag sich fragen, was das mit der von mir beschriebenen Aussage zu tun hat. Ich meine, um „relativ gut" zu sein, ist es nötig, nicht nur genau das zu tun, was alle anderen tun. Keinesfalls bedeutet das, sich nicht mit dem Kaufrecht zu beschäftigen, nicht in die Bibliothek oder in Vorlesungen zu gehen oder keine Karteikarten zu schreiben. Man sollte also natürlich auch das tun, was alle anderen tun. Wichtig ist aber, auch das zu tun, was andere nicht tun und zwar auf eine gewisse Art und Weise. Wieder so ein nichtssagender Satz.

Jeder Studierende hat seine Vorlieben für bestimmte Fächer oder Bereiche. Es gibt allerdings einige ausgewählte Themen, die in weiten Teilen und über mehrere Studentengenerationen immer wieder Abneigung, Unbehagen und/oder Übelkeit auslösen. Nach meiner Erfahrung sind das zum Beispiel das internationale Privatrecht, das Staatshaftungsrecht und Teile des Bereicherungs- und Europarechts (diese Aufzählung ist nicht abschließend). Die Folge ist klar: Viele setzen sich mit diesen Fächern nicht auseinander und lernen hier lieber „auf Lücke". Solch eine (Wissens-)Lücke rächt sich natürlich regelmäßig in entsprechenden Klausuren.

Die oben beschriebenen Fächer waren übrigens auch solche, mit denen ich nicht unbedingt meine Zeit verbringen wollte. Allerdings war mir klar, dass in Uni-Klausuren oder im Staatsexamen keine Rücksicht auf meine persönlichen Belange genommen wird. Ich habe mich also trotzdem mit solchen Themen beschäftigt. Selbst wenn dies keinen großen Spaß macht, so ist es trotzdem möglich, mit relativ wenig Aufwand ein Grundverständnis zu erwerben. Dieses Grundverständnis ist entscheidend. Die Erarbeitung vertiefter Kenntnisse kann man sich für die gängigen Prüfungsthemen aufsparen.

Wird einem die undankbare Aufgabe zuteil, eine Klausur mit den aufgeführten Themen schreiben zu müssen, kann man sein Grundverständnis anwenden. Alle anderen, die sich nie mit diesen exotischeren Thematiken auseinandergesetzt haben, sind aufgeschmissen und können kaum Brauchbares zu Papier bringen. Der Korrektor ist genervt und die Note wird schlechter.

Hat ein Korrektor jedoch bereits zehn Schuldrechtsklausuren korrigiert, deren Prüfung mit dem Vorrang der Leistungskondition endet, ist er überglücklich, wenn er bei der elften Klausur liest: „Von diesem Grundsatz könnte allerdings eine Ausnahme vorliegen ..." oder in anderem Zusammenhang: „... nach Rom II-Verordnung anwendbar ...". Grundlegendes Verständnis kann also schon den Ausschlag geben.

Mit anderen Worten: Bringt man relativ wenig Aufwand für Themen auf, die andere vollständig links liegen lassen, wird man in entsprechenden Klausuren leicht relativ gut und besser als die anderen sein. Letztlich wird sich das auch in der Note ausdrücken. Im Gegensatz dazu muss man, um beispielsweise im Kaufrecht relativ gut zu sein, schon erheblich mehr Aufwand leisten, um vertiefte Kenntnisse zu erlangen. Zu den Grundlagen des Kaufrechts kann nämlich jeder etwas schreiben.

Tatsächlich kam es bei mir dann so: Eine Zivilrechtsklausur im 1. Staatsexamen beinhaltete eine Frage zum internationalen Privatrecht. In einer Klausur aus dem öffentlichen Recht mussten eine Verordnung des Bundesministeriums für Verkehr und eine Klage der Bundesregierung zum EuGH (Zulässigkeit) geprüft werden. Für die mündliche Prüfung wurde schließlich die Dogmatik der Erledigungserklärung im Zivilprozess aufgespart.

Ich bin überzeugt, meine „Methode" hat mir hier sehr geholfen.

Kleine Kinder – große Sorgen

Katja Glaß (Rechtsanwältin bei ALPMANN FRÖHLICH Rechtsanwaltsgesellschaft mbH; Zweites Juristisches Staatsexamen 2014)

Jura ist nicht alles – und das meine ich genau so, wie ich es sage. Es gibt, gerade während des Studiums, so viele andere Dinge, die es zu unternehmen gilt und die unternommen werden sollten.

Meine „Ablenkung" ist nicht die, die man sich bei einer Jurastudentin klassischerweise vorstellt. Ich habe mich dazu entschieden, früh ein Kind zu bekommen. Mein Sohn kam passenderweise in den Semesterferien nach dem 6. Semester zur Welt. Die Examensvorbereitung – ich bin den normalen Weg gegangen: Grundstudium, Schwerpunkt, Examen, das erste in 2009, das zweite in 2014 – habe ich also mit ihm gemeinsam „durchgemacht". Da ich natürlich viel Zeit mit meinem Kind verbringen, andererseits aber auch nicht hinter den anderen her hängen wollte, galt es, den Spagat zwischen der Zeit zum Lernen und der Zeit mit dem Kind so zu meistern, dass ich beiden Aufgaben gerecht werden konnte. Anders als meine Kommilitonen hatte ich nur ein begrenztes Zeitfenster, das ich zum Lernen verwenden konnte. War das Kind vormittags in der Betreuung, musste ich die Zeit nutzen, um Vorlesungen zu besuchen und zu lernen. Wenn er abends schlief, hatte ich die nächste Chance, ins Buch zu schauen. Während meine Kommilitonen häufig tageweise in der Bibliothek verbrachten, habe ich mich anfangs unter merkwürdigen Blicken nach wenigen Stunden und möglichst wenig

Pause verabschiedet. Ich habe aber auch festgestellt, dass dieser Wettkampf, wer die längste Zeit in der Bibliothek verbringt, nicht bedeutet, dass der „Gewinner“ auch am meisten gelernt hat. Die Zeit in der Bibliothek war bei vielen meiner Kommilitonen geprägt von einer Vielzahl von Pausen: kurz nach der Ankunft der erste Kaffee, am späten Vormittag ein zweiter, zum Mittag für ein Stündchen in die Mensa, nachmittags noch einen weiteren Kaffee und an guten Tagen auch am Nachmittag einen zweiten, um dann gestresst und erschöpft von den vielen Pausen und dem anstrengenden „ich muss mich neu motivieren“ und dem „ich muss mich neu in den zuletzt gelesenen Stoff hineindenken“ bloß nicht als erster, aber auch nicht als letzter nach Hause zu fahren.

Dieser ewige Kampf, nicht mit in die Kaffeepause zu gehen, führte dazu, dass ich das Lernen relativ schnell in meine Wohnung verlegte. Denn diese Vielzahl an Pausen konnte ich mir schlicht nicht leisten. Zu Hause konnte ich die Zeit, die mir zum Lernen verblieb, entsprechend nutzen. Da das Kind morgens betreut wurde, hieß das für mich: um 7 Uhr aufstehen, das Kind um 8 Uhr mit dem Rad zur Betreuung bringen, zurück nach Hause und an den Schreibtisch. Spätestens um 15 Uhr musste das Kind wieder eingesammelt werden, was bedeutet, die Zeit von Montag bis Freitag von 8:30 Uhr – 14:30 Uhr musste gut genutzt werden. Die Erkenntnis, dass die Woche nur aus 5 Tagen à 6 Stunden (abzüglich Mittag) besteht, führte dazu, dass ich die 30 Stunden effektiv zum Lernen nutzte. Niemand wusste, ob eine zweite Lernzeit am Abend möglich sein und das Kind wie geplant um 19 Uhr ins Bett gehen würde.

Die „Zeit effektiv nutzen“ ist natürlich leicht gesagt. Ich habe im Studium eine gute Freundin kennengelernt, die mir jeden durchgenommenen Fall vorbeten konnte. Sie kannte die Lösung genau – sie hatte sie auswendig gelernt. Auswendiglernen ist ja schließlich typisch fürs Jurastudium. Leider war ich nie gut darin, Dinge auswendig zu lernen – wozu auch, wenn sich die Fälle doch eh immer irgendwie voneinander unterscheiden. Ich versuchte stattdessen zu verstehen, warum die Lösung entsprechend ausgefallen war. Dafür lernte ich in Schemata zu denken – so wie es einem auch in den verschiedenen Repetitorien nahegelegt wird. Diese Schemata verewigte ich auf unzähligen Karteikarten mit bunten Farben, wobei jede Farbe für unterschiedliche Probleme oder Lösungsansätze stand. Es zeigte sich aber, wenn ich das zugrunde liegende Schema verstanden und nach meiner künstlerischen Aufarbeitung verinnerlicht hatte, konnte ich die Klausur lösen – manchmal hatte ich dabei das bunte Bild des Schemas tatsächlich vor Augen. Noch heute erwische ich mich dabei, wie ich die eingeübten Schemata aufmale, um zu prüfen, ob der vom Mandanten begehrte Anspruch besteht – nur fallen die Schemata heute nicht mehr ganz so bunt aus.

Hatte ich meine sechs Stunden abgearbeitet, konnte ich mich für den Tag vollkommen frei machen von dem Gefühl, nicht genug getan zu haben. Natürlich war ich gezwungen, meine Aufmerksamkeit nach 15 Uhr dem Kind zu widmen. Das tat ich aber mit gutem Gewissen. Diese Zwangspause half mir, mich für den nächsten Tag wieder zu motivieren, den Kopf frei zu bekommen und den nächsten Tag manchmal sogar mit neuen Erkenntnissen, die sich während der Auszeit im Unterbewusstsein entwickelt hatten, zu starten. Nur selten quälte mich der Lernstoff am Nachmittag. Und wenn ich doch ein Problem zwingend nachlesen musste, fiel die Gute-Nacht-Geschichte etwas juristischer und mit weniger bunten Bildern aus. Ob es ihm geschadet hat, in frühester Kindheit mit juristischen Themen unterhalten worden zu sein? Wer weiß das schon.

Auch wenn es für mich der richtige Weg war (heute bin ich 34 Jahre, Anwältin und Notarin bei ALPMANN FRÖHLICH in Emsdetten und zugleich Mutter zweier wundervoller Kinder), bin ich die letzte, die die Leserinnen dazu ermutigen möchte, Kinder zu bekommen, eine Familie zu gründen und den Beruf, noch bevor er begonnen hat, an den Nagel zu hängen. Im Gegenteil: Kind und Karriere kann funktionieren. Deshalb nutzt die Zeit, die Ihr zum Lernen aufwendet. Lernt in dieser Zeit. Und lernt nur in dieser Zeit. Genehmigt Euch eine Auszeit, in der Jura nicht an erster Stelle steht. Diese bewusst eingelegten Pausen führen zu einer gewissen Ausgeglichenheit und machen Euch erträglich für all diejenigen, die mit Jura oder dem Jurastudium nichts am Hut haben.

Höre auf Dich

Julia Grolla (Juristische Mitarbeiterin bei Baker & McKenzie Partnerschaft von Rechtsanwälten und Steuerberatern mbB; Erstes Juristisches Staatsexamen 2019)

„Ein lauter Korkenknall“ – es war jedoch nicht irgendein Korkenknall – es war so viel mehr: *Unendliche Erleichterung, grenzenlose Freude und viele Freudentränen. Es war geschafft!*

Wie so oft im Jurastudium folgte auf ein gefühltes jahrelanges Tief ein plötzliches Hoch, welches sich kaum in Worte fassen lässt. Das jahrelange Lernen hatte plötzlich einen Sinn und konnte gefeiert werden.

Alle Jurastudenten fiebern auf diesen Moment in ihrem Leben hin. Einige sind dabei tiefenentspannt, da das Jurastudium für sie ein leichter Weg war. Andere denken wiederum, die Zukunft ihres Lebens hängt von diesem einen Tag ab. Ich gehöre wohl eindeutig der letzteren Gruppe an. Ich hatte meinen Erstversuch knapp nicht bestanden und musste mich dem Letztversuch des Examens stellen. Der Tiefpunkt meines Jurastudiums und wohl auch meiner erhofften juristischen Karriere, die in unerreichbare Entfernung gerückt war.

Wie jeder weiß, besteht das Jurastudium aus Höhen und Tiefen. Die Höhen sind die Momente, in denen jeder denkt, „die Klausur lief ganz übel“ und am Ende des Tages hat man doch eine gute Punktzahl erreicht. Man denkt für ein paar Sekunden, man kann „dieses Jura“ und hat sich für das richtige Studium entschieden.

Aber dann gibt es auch die Tiefen. Man sitzt stundenlang in der Bibliothek, liest, was einem der Repetitor heute wieder an Unterlagen gegeben hat, versucht alle Tipps zu beherzigen, sich selbst zu motivieren und dann, zack: 3 Punkte, der Kommentar: „Die Bearbeiterin beherrscht das juristische Handwerkszeug nicht.“ *Am Anfang ein kleiner Tiefpunkt – kurz vor dem Examen ein Schlag ins Gesicht. Man hat doch so viel gelernt, warum passt es jetzt schon wieder nicht?*

Jeder beginnt das Studium voller Vorfreude auf einen neuen Lebensabschnitt und denkt, das Abitur sei doch eine wunderbare Qualifikation, um weiter mit viel Lernaufwand hervorragende Noten zu erzielen. So einfach ist es leider nicht.

Es stimmt, ohne Fleiß kein Preis. Dieser Satz gilt im Großen und Ganzen auch für das Jurastudium. Er ist bei Weitem aber nicht alles, was am Ende Erfolg und Zufriedenheit bringt. Nervenstärke, Motivation, Fleiß und die persönlich richtige Lerntechnik sind meiner Meinung nach der Schlüssel zum Erfolg.

Verliere Dich nicht in den Tipps anderer. Ihr fragt Euch jetzt, was ich damit sagen möchte? Ich habe mit allem gelernt, was es auf dem Markt gibt. Klausuren geschrieben, Bücher gewälzt, Repetitorien besucht, Crashkurse belegt. Meine Einzimmerwohnung in München bestand praktisch nur noch aus Skripten und Büchern. Mein soziales Leben wurde zurückgeschraubt. Der Sport war nicht mehr so wichtig, viel wichtiger waren die 8 Stunden in der Bibliothek, schließlich sitzen alle anderen auch dort. Zusammen mit diesen anderen Jurastudenten wird man langsam verrückt. Wie die aufgeschreckten Hühner bilden sich panische Grüppchen in der Examensvorbereitung. Die Panik steigt von Tag zu Tag. Jeder fragt den anderen, was er lernt, was er kann, was er macht, was er nicht macht.

Aber keiner fragt sich selbst. Bei jeder Form der Freizeitbeschäftigung fragt man sich: Habe ich heute Lust darauf?

Sollte ich mit dem Handballspielen anfangen, oder bin ich doch eher der Typ, der Ballett macht?

Was für das Leben gilt, gilt meiner Meinung nach genauso für die Examensvorbereitung.

- Bist Du jemand, der sich gut zu Hause konzentrieren kann? Dann lerne zu Hause.
- Ist Dir Dein Sozialleben wichtig, um einen gesunden Ausgleich zu haben? Dann baue Dein Sozialleben in Deinen Lernplan ein.
- Kommst Du mit Unterlagen aus dem Repetitorium nicht zurecht? Dann suche Dir ein anderes Repetitorium.
- Brauchst Du regelmäßig Lernpausen, um Dich zu konzentrieren? Dann nimm Dir diese Lernpausen.
- Bist Du jemand, der morgens aktiv ist und sich zu dieser Zeit am besten konzentrieren kann? Dann lerne zu dieser Zeit und richte Deine Freizeitaktivitäten danach aus.
- Brauchst Du länger als andere, um die Dinge zu verstehen und nicht nur auswendig zu wissen? Dann nimm Dir die Zeit für die Examensvorbereitung, die Du brauchst.
- Brauchst Du Dein Wochenende, um Dich zu entspannen? Dann nimm Dir das Wochenende als Pause.
- Schreibst Du lieber montags deine Klausur? Dann schreibe montags Deine Klausur.
- Bist Du der Typ, der alles auf Karteikarten schreiben muss? Dann schreibe Karteikarten.

Es gibt viele Tipps, wie man ein Jurastudium erfolgreich absolvieren kann. Allerdings gibt es nur eine Person, die mit diesen Tipps erfolgreich umgehen muss. *Das bist Du!*

Am Ende des Tages kannst Du viel Zeit und Energie für Dinge aufwenden, die Dir vielleicht helfen, ein gutes Gefühl beim Lernen zu haben. Das Gefühl „heute saß ich 10 Stunden in der Bibliothek, wie die anderen". Die Fragen, die sich jedoch stellen, sind:

- Wie viel der Zeit hast Du effektiv gelernt?
- Wie viel hast Du systematisch gelernt und nicht nur gelesen?
- Wie lange kannst Du das auf diese Art und Weise durchhalten?
- Wäre es nicht vielleicht besser, Du lernst mit einem systematischen Plan, täglich von 9.00 Uhr bis 16.00 Uhr, legst Dein Handy zur Seite und freust Dich auf Deinen Feierabend mit Freunden, Sport und einem Ausgleich für Deinen Kopf?

All diese Fragen solltest Du Dir stellen, bevor Du für Dich eine Entscheidung triffst, welche Examensvorbereitung am besten zu Deiner Persönlichkeit passt.

Solltest Du wieder einen kleinen oder großen Tiefpunkt haben, denke positiv und frage Dich, was Du diesmal daraus lernen kannst. Hast Du vielleicht wirklich unsauber in der Klausur gearbeitet? Hast Du die Sachen zwar dreimal gelesen, aber eigentlich nicht verstanden?

Niemand sitzt am Ende mit Dir im Examen und sagt, wie er es machen würde. Die einzige Person, auf die Du dann hören kannst, bist Du. Deshalb höre von Anfang an auf Dich und sei ehrlich zu Dir selbst. Konstruktive Kritik und auch der Austausch mit anderen sind keinesfalls negativ, sondern können sehr hilfreich sein. Jedoch sind sie nur hilfreich für Dich, wenn Du die Kritik und Informationen für Dich persönlich wertvoll umsetzen kannst.

Viel Erfolg bei Deiner persönlichen Examensvorbereitung und denke immer daran, nach jedem Tief kommt ein Hoch! Also bleib dran und beiß die Zähne zusammen!

Shoot for the moon

Aina Hannisa (Wissenschaftliche Hilfskraft und Teil des Koordinierungsteams des „International Dispute Resolution (LL.M.)" an der Humboldt-Universität zu Berlin; Irisches Bar Examen 2020)

Mein Name ist Aina und ich habe kein deutsches Staatsexamen. Ich habe nicht das klassische deutsche Jurastudium absolviert und mich im Studium auch nicht mit dem deutschen Recht befasst. Ich wohne auch erst seit etwa zwei Jahren in Deutschland. Was ein Beitrag von mir wohl hier zu suchen hat? Naja, ich kann leider keine genauen Tipps und Tricks dazu geben, wie man am besten mit den Gesetzen im Schönfelder umgeht oder wie man die langen Monate des Lernens für das erste Examen überlebt. Aber dafür habe ich eine andere Perspektive auf das Ganze. Und diese möchte ich gerne teilen.

Ich bin halb deutsch und in Deutschland geboren, aber in Irland aufgewachsen. Mit 17 habe ich in Irland mit meinem Bachelorstudium angefangen und dieses mit 21 abgeschlossen. Und dann? Dann hatte ich Zeit. Ich beschloss, nach Deutschland zu ziehen, um an der Berliner Humboldt-Universität ein Masterstudium zu absolvieren, genauer den englischsprachigen „International Dispute Resolution" LL.M. an der juristischen Fakultät.

Wir alle kennen ihn, den Alltag einer Jurastudentin: früh aufstehen, essen, Vorlesung, Mensa, Bib, Abendessen, lernen, schlafen, wiederholen. Es gibt viel zu lesen und noch mehr, das man nicht wird lesen können. Freizeit hat man wenig.

Es ist einfach, sich in diesem Rhythmus zu verlieren, stets mit dem gleichen Ziel: die nächste Klausur oder die nächste Hausarbeit hinter sich zu bekommen. Nach vier Jahren verliert man da einfach seinen Blick auf das Ziel. Aber genau das ist das wichtigste: das Ziel sollte man immer vor Augen behalten. Klar, jede Klausur und jede Hausarbeit sind wichtig, aber gleichzeitig sind sie auch nur kleine Zwischenziele auf der langen Strecke zum Examen. Und nach dem Examen ist man nicht automatisch fertig. Im Gegenteil: nach dem Examen, da geht alles erst richtig los.[1] In dieser Hinsicht ist das Studium eine der schönsten Zeiten im Leben. Man hat unendlich viele Möglichkeiten. Daher ist es besonders wichtig, diese Zeit zu genießen und sie zu nutzen, um den Start ins Berufsleben bestmöglich vorzubereiten, und wenn möglich, etwas mehr als nur seine guten Noten mitzubringen.

Also lautet *mein erster Tipp*: „Gib Dir etwas Mühe." Ist doch selbstverständlich, könnte man jetzt vielleicht sagen. Ich meine es aber eher im Sinne von: Sei präsent und offen. Man weiß ja nie, welche Möglichkeiten sich durch Zufall ergeben könnten. Um an solche Möglichkeiten überhaupt ranzukommen, muss man jedoch anwesend sein, und zwar nicht nur körperlich, sondern auch geistig. Man sollte sich bemühen, immer ein bisschen mehr zu geben. Dieses Mehr kann vieles sein. Akademisch kann ein solches Mehr bedeuten, in der Vorlesung keine Angst davor zu haben, Fragen zu stellen, besonders wenn es sich um kleinere Veranstaltungen wie Seminare, Workshops oder Gastvorlesungen handelt – so demonstriert man Aufmerksamkeit und Interesse. Aber es kann auch in simpleren Sachen bestehen: im Praktikum freundlich und aufgeschlossen sowie dankbar dafür zu sein, praktische Er-

1 Das „Irish Bar" Examen findet nach dem Bachelor Studium statt. Es werden alle wichtigen Rechtsgebiete abgefragt, und es ist in dieser Hinsicht vergleichbar mit dem ersten Staatsexamen. Danach fängt man mit der Ausbildung als Anwält*in an, indem man 2 Jahre als „Trainee" in einer Kanzlei arbeitet (ähnlich dem Referendariat) und ein Jahr Weiterbildung absolvieren muss. Der größte Wettbewerb besteht um das Angebot eines „Training Contracts" in einer Großkanzlei.

fahrungen sammeln zu können – Ehrgeiz und Freundlichkeit werden in Erinnerung bleiben, und wenn man einen guten Eindruck macht, könnten die Kontakte, die man im Praktikum knüpft, einem auch Jahre später weiterhelfen. In einer Situation, in der viele Bewerber*innen gute Noten und beeindruckende Leistungen mit sich bringen, kommt es am Ende darauf an, mit wem man lieber Tag für Tag zusammenarbeitet, und es ist ein deutlicher Vorteil, wenn man sich auch mal über andere Sachen als nur über Jura unterhalten kann? Wenn man die Wahl hätte, dann würde wohl jeder lieber mit freundlichen Menschen arbeiten statt mit einem Roboter. Ein freundliches Lächeln und eine offene Einstellung bleiben auch viel länger und deutlicher in Erinnerung als die genaue Punktzahl, die man im Examen erreicht.

Tipp Nr. 2 lautet mit den Worten von Oscar Wilde: „Shoot for the moon. Even if you miss, you'll land among the stars." Wir leben in einer Welt, in der permanent verglichen wird. Es herrscht ein dauernder Wettbewerb, und die Konkurrenz schläft nicht. Das kann manchmal sehr einschüchternd sein. Stets meint man, mit Erfolgen anderer Leute konfrontiert zu sein, vergleicht sich mit ihnen und hat meist das Gefühl, dass man unmöglich mithalten könne. Da entwickelt sich sehr schnell eine Art „Impostor-Syndrom". Ähnliche Selbstzweifel empfand ich selbst besonders stark am Anfang meines Masterstudiums. Ich war 21 und hatte erst ein paar Monate Berufserfahrung im Rahmen von Praktika und Sommer-Jobs in Kanzleien in Irland gesammelt. Ich wusste auch gar nicht, was mich erwartete. Der Studiengang behandelte schwerpunktmäßig internationale Schiedsverfahren, ein Thema, welches mich interessierte, worauf mich jedoch mein irisches Jurastudium überhaupt nicht vorbereitet hatte. Ich hatte die Vorstellung, dass ich in einem Jahrgang voller hochqualifizierter Anwält*innen nicht mithalten könnte.

Teilweise hatte ich recht. Ich war mit einigen Jahren Abstand die jüngste im Jahrgang und fast alle anderen Studierenden waren zugelassene Anwält*innen in ihrer Heimat. Worin ich mich jedoch getäuscht hatte, war die Annahme, dass ich nicht mithalten könnte. Ich nahm mir von Anfang an vor, mein Bestes zu geben, um zu beweisen, dass ich auch hier hingehörte. Die Vorlesungen interessierten mich. Ich bereitete mich auf die Vorlesungen vor und las die empfohlene Literatur. Und am wichtigsten: ich lernte für die Klausuren. Ich hätte mir wahrscheinlich keine Sorgen machen müssen – wäre ich nicht gut genug für den Studiengang gewesen, wäre ich wahrscheinlich erst gar nicht angenommen worden. Die Motivation, mich beweisen zu wollen, half mir jedoch sehr. Schließlich bestand ich alle Klausuren und schloss das Studium mit der drittbesten Abschlussnote ab. Der Takeaway? Zweifle nicht an Dir selbst. Klar, das ist normal und neue Situationen sind verunsichernd. Gleichzeitig braucht man diese Verunsicherung und die Herausforderung, um Fortschritte zu machen. Man muss stets daran denken, dass jede Person in einer wichtigen Position nicht immer in dieser Rolle war. Auch der CEO hatte einen ersten Arbeitstag als CEO. Wichtig ist in dieser Situation, wie man an die Herausforderung herangeht. Man sollte sie als Möglichkeit betrachten, seine Fähigkeiten auszutesten und sich zu verbessern.

Der nächste *Tipp* lautet: Traue Dich aus Deiner Comfort Zone – sei es bei der Wahl der Praktika, Masterprogramme oder des Auslandssemesters. Wichtig ist, dass man für alle Möglichkeiten offen ist und Chancen annimmt. Die Erfahrungen, die am meisten dazu beitragen, seinen Lebenslauf beeindruckend und auffällig zu machen, sind meist auch die spannendsten Möglichkeiten. Hierbei kann ich nur empfehlen, seinen Lebenslauf so bunt und vielseitig wie möglich zu gestalten (inhaltlich, nicht hinsichtlich des Aussehens!). Treibe Sport, nimm an einem Moot Court teil, absolviere ein Auslandssemester! Das sind alles Dinge, die ich während meines Studiums mit großer Begeisterung gemacht habe und die sich gut als Diskussionsthemen in Bewerbungsgesprächen eigneten. Sie dienen auch dazu, verschiedene „Soft Skills“ nachzuweisen. Da mein Auslandsjahr in Montréal und der Master in Deutschland auch die Highlights meiner Studienzeit waren, kann ich auch sehr ausführlich davon berichten und meine Begeisterung und Motivation nachweisen. Auch Sport ist nie eine Zeitverschwendung – für mich war das Klettern immer ein Ausgleich zu dem Stress der letzten zwei Semester des Jurastudiums. Abends, drei Mal die Woche, ging ich mit Freunden zum Klettern oder Bouldern, bewegte mich drei Stunden lang, unterhielt mich mit Leuten und dachte überhaupt nicht an Jura. Völlig müde und zufrieden konnte ich danach immer gut schlafen und war am nächsten Tag wieder frisch und erholt und bereit zu lernen. Das hat in meinem Fall sicherlich dafür gesorgt, ein Burnout zu verhindern und dadurch, dass ich etwas hatte, worauf ich mich freuen konnte, arbeitete ich effizienter. Ich hatte ja so auch nur beschränkt Zeit und konnte (und wollte) auf keinen Fall täglich bis 3 Uhr morgens am Schreibtisch sitzen.

Nachdem ich sehr viel davon erzählt habe, wie wichtig es ist, sich Herausforderungen zu stellen, wäre es vielleicht gar nicht so verkehrt, von der anderen Seite der Medaille zu berichten. Mittlerweile arbeite ich in der Koordination des Masterprogramms, das ich selbst absolviert habe. Da ein Teil meiner Arbeit dort die Durchsicht von Bewerbungen ist und man im Rahmen dessen so einiges sieht, möchte ich auch einige *Tipps für das Verfassen einer Bewerbung*, sei es für einen Studiengang, einen Job oder ein Praktikum, geben.

Wie im echten Leben zählt der erste Eindruck. In vielen Fällen ist Deine Bewerbung der einzige Einblick in Dein Leben, Deine Persönlichkeit und Deine Leistungen, den die Gegenseite erhält. Deshalb ist es wichtig, hier den richtigen Eindruck zu vermitteln. Eine sorgfältig zusammengestellte Bewerbung kann auch viele zusätzliche Informationen über einen vermitteln und einem somit manche Pluspunkte bringen.

Der erste Tipp für das Verfassen einer Bewerbung lautet: „Ordnung muss sein." Eine klar strukturierte Bewerbung macht die Arbeit für Arbeitgeber*innen nicht nur einfacher, sondern lässt auch Rückschlüsse auf den Charakter des Bewerbers oder der Bewerberin zu. Sie zeigt, dass man sich Gedanken gemacht und sich Zeit genommen hat und bringt das Interesse an dem Programm oder der Stelle, auf die man sich bewirbt, zum Ausdruck. Das heißt, pass genau auf, welche Dokumente für die jeweilige Bewerbung benötigt werden. Wenn man seine Dokumente digital einreichen kann, dann achte dabei auf das passende Format. Wichtig ist, jedes Dokument so zu benennen, dass es einfach erkennbar ist. Im Falle eines Lebenslaufs könnte das Dokument „Aina Hannisa, Humboldt Master, Lebenslauf" heißen. Das verhindert, dass das Dokument an den falschen Adressaten gesandt wird. Es sorgt auch dafür, dass Deine ganze Bewerbung übersichtlicher und einfacher zu bearbeiten ist. Das macht schon von Anfang an einen positiven Eindruck. Für manche Bewerbungen wird gefordert, alle Dokumente in einem pdf-Dokument zu versenden. Hier könnte man, um etwas mehr Sorgfalt zu zeigen, ein einfaches Deckblatt mit einem Inhaltsverzeichnis erstellen. Diese kleinen Punkte, die einem nicht viel extra Zeit und Mühe abverlangen, können dazu beitragen, dass eine Bewerbung heraussticht und besser in Erinnerung bleibt.

Bei Bewerbungen möchte sich natürlich jeder die Arbeit einfach machen, besonders wenn man sich für mehrere Stellen bewirbt. Da „recycelt" jeder mal die eine oder andere Passage eines Motivationsschreibens oder Vorstellungsprofils – ist ja auch in Ordnung, letztendlich bist Du ja immer noch Du, egal für welche Stelle Du Dich bewirbst. Diesen Eindruck einer austauschbaren Bewerbung sollte der Adressat aber nicht bekommen. Das Gleiche gilt für Empfehlungsschreiben. Wenn möglich, ist es viel überzeugender, wenn das Empfehlungsschreiben direkt an den jeweiligen Studiengangleiter adressiert ist. Das zeigt, dass man sich nicht einfach so beworben hat und die gleichen Unterlagen wahllos überall hingeschickt hat. Außerdem ist dies ein aussagekräftiger Beweis Deiner Eignung für genau diesen Studiengang, da die Empfehlenden Dich schließlich gerade dafür empfohlen haben. Überlege bei Empfehlungsschreiben gut, wer dieses für Dich schreiben soll. Es ist einfach zu denken, dass eine Empfehlung von einer renommierten Person, einem Professor oder Partner am überzeugendsten ist – sie sind ja schließlich hochqualifiziert und deren Wort sollte besonders zählen, oder? Naja – mehr oder weniger ... Man sollte eher darauf achten, wie gut diese Person einen kennt. Ist diese Person wirklich in der Lage, auch eine andere Person davon zu überzeugen, dass man die geeignete Person für die ausgeschriebene Stelle ist? Ist die Erfahrung, die man mit ihnen gesammelt hat, auch überhaupt relevant? Manchmal ist es besser, ein Empfehlungsschreiben von einer weniger renommierten Person zu haben, die dafür wirklich etwas über einen schreiben kann und so deutlich überzeugender wirkt. Letztendlich liegt die Entscheidung, wen man fragt, natürlich bei einem selbst, aber diese Empfehlungen sind wichtig, da sie eine Bestätigung der eigenen Aussagen darstellen. Schließlich kann man in einem Motivationsschreiben, welches man selber erstellt, schreiben, was man will, ohne dass der Leser weiß, was wahr ist und was nicht.

Zusammengefasst lautet meine Botschaft: Gib immer Dein Bestes! Je mehr Du anzubieten und je mehr Du gemacht hast, desto mehr Türen werden sich öffnen. Und habe keine Angst, Dich um Positionen oder Studiengänge zu bewerben, die Dir Angst machen oder bei denen Du daran zweifelst, erfolgreich zu sein. Entweder Du bist erfolgreich und bekommst die Stelle, oder Du bist es nicht, hast aber etwas durch die Erfahrung gelernt und kannst das nächste Mal mit einer noch stärkeren Bewerbung punkten. Als ich mich für das Masterprogramm in Berlin beworben habe, war ich mir auch nicht 100 % sicher, ob ich einen Platz bekommen würde. Ich war gerade mit meinem Bachelor fertig und war noch sehr jung. Schließlich hat es geklappt – vielleicht klappt es ja bei Dir auch! Ich wünsche Dir jedenfalls viel Glück!

Fünf Zusammentreffen mit Student X

Konrad Hildebrand (Rechtsanwalt; Erstes Juristisches Staatsexamen 2009)

Verstehen Sie das Folgende als eine „Zu verschenken"-Kiste, wie Sie sie gelegentlich auf dem Gehsteig finden. Nehmen Sie nur mit, was Ihnen gefällt!

Tipp 1: Vorlesungen besuchen

Student X hat eine kristallklare Meinung zum Besuch von Vorlesungen. Reine Zeitverschwendung, examensrelevante Inhalte seien unterrepräsentiert. Er empfiehlt, kommerzielle Repetitoren zu besuchen. Habe ich oft gehört, hat mich nie überzeugt. Im Gegenteil! Ich habe stets gerne und mit Gewinn Vorlesungen besucht. Nicht, weil ich der Ansicht bin, dass im Hörsaal alle examensrelevanten Inhalte zur Sprache kommen. Da gebe ich Student X sogar recht. Zumindest, wenn man das Jurastudium darin begreift, sich linear eine Fülle von Rechtsproblemen anzueignen. Ich habe mich immer für Strukturen und Regelwerke interessiert. Wie erarbeite ich für ein unbekanntes Rechtsgebiet – ein monolithisches Gebilde zunächst – einen inneren Aufbau? Das braucht Zugänge und Inspiration. Und wer wäre als Quelle besser geeignet als ein Hochschullehrer, der über Jahre oder Jahrzehnte in einem Rechtsgebiet funktionierende, im besten Fall brillante, Denkstrukturen erarbeitet und verfeinert hat. Hinweisen bin ich zeitintensiv nachgegangen. Etwa habe ich mich eingehend (Tage!) mit dem 1. Rundfunk-Urteil des BVerfG (BVerfGE 12, 205) befasst und analysiert, wie die Verfassungsrichter diese komplexe Landkarte gezeichnet haben. Auslöser meiner Übung war eine bubenhaft charmant getätigte Distinktionsäußerung „meines" Professors im Grundkurs Staatsrecht (in etwa: „Es gibt in Deutschland zehn Personen, die das 1. Rundfunkurteil des Bundesverfassungsgerichts verstehen – die anderen neun kenne ich nicht."). War die Übung effektiv? Ich denke schon. Sie hatte jedenfalls schöpferische und selbstbestimmt forschende Anteile, die ich als glücksstiftender empfand als die Vorstellung, die „15 Hot Topics der Rundfunkfreiheit im Examen" zu konsumieren. Ein anderes Mal bin ich der These eines Steuerrechtsprofessors nachgegangen, dass § 177 AO einen Zugang zum tieferen Verständnis des Öffentlichen Rechts biete. Ich wurde mit großem Erkenntnisgewinn belohnt. Auch ein Exkurs des Zivilrechtsprofessors im Grundkurs zum Rechtsgedanken des „versari in re illicita" bleibt mir in Erinnerung. Allesamt wunderbare Orchideen!

Tipp 2: Repetitio est mater studiorum

Die Phrase kennt auch Student X. Es frustriert ihn, dass gelerntes Prüfungswissen schnell verblasst. Er kompensiert seinen Frust, indem er Skripten möglichst rasch durcharbeitet und neues Wissen erwirbt. Wiederholung als Baustein für den Lernerfolg war mir als Konzept bekannt, etwas grau und mehr im Unbewussten. Irgendwann (vergleichsweise spät) hatte ich die Erkenntnis, dass Lernen ohne Wiederholung schlicht wertlos ist. Es ist so, als würde man eine Computerfestplatte mit Daten füttern und sie am nächsten Tag mit neuen Daten überschreiben. Ich habe daher den gelernten Stoff systematisch (!) wiederholt. Jeweils nach einem Lerntag habe ich den Stoff am Folgetag (mindestens den halben Tag) und in größer werdenden Abständen jeweils mit demselben handschriftlichen Material (s. dazu Tipp 4) aufgearbeitet. Anleitungen für systematisches Wiederholen gibt es auf dem Markt.[1] Für alle anderen empfehle ich ein berühmtes Camus-Zitat als Mantra: „Wir müssen uns Sisyphos als einen glücklichen Menschen vorstellen.“[2]

Tipp 3: In Regelfällen denken

Student X denkt in Problemen. „Juristen denken pathologisch“, räsoniert er gefällig. Ich habe in Tutorien und beim Repetitor ebenfalls eine starke Fixierung auf Probleme und Meinungsstreitigkeiten wahrgenommen. Das stellt die Dinge auf den Kopf. Die Wirklichkeit, auch die Examensrealität, wird beherrscht von gewöhnlichen Fällen. Diese Erkenntnis (und zahlreiche weitere!) habe ich Professor Haft und seinem Werben für das „Normalfalldenken“ zu verdanken.[3] Ich würde Student X entgegensetzen: „Juristen denken paradigmatisch.“ Das Nachdenken über Abwandlungen des beispielhaften Falls schult das eigenständige (für den Juristen essentielle) Problembewusstsein, nicht das isolierte Memorieren juristischer Meinungsstreite. Ein Plädoyer: Der „pathologisch“ denkende Jurist wird in der Zukunft überfordert sein, weil die Zahl möglicher Sonderkonstellationen mit der wachsenden Komplexität des Rechts exponentiell ansteigt. Sein Rat wird in Zukunft auch an Wert einbüßen, weil juristische Probleme (Faktenwissen) über digitale Angebote immer einfacher zugänglich werden. Die „paradigmatische“ Denkweise hingegen reduziert Komplexität in der von gewöhnlichen Fällen geprägten Realität und ermöglicht die eigenständige und kreative Problembehandlung in Abweichungsfällen.

1 Z. B. bei *Christian Grüning*, Garantiert erfolgreich lernen. Wie Sie Ihre Lese- und Lernfähigkeit steigern, 2019, S. 141 ff.
2 *Albert Camus*, Der Mythos des Sisyphos (e-Book), 2013, S. 144.
3 *Fritjof Haft*, Einführung in das juristische Lernen. Unternehmen Jurastudium, 7. Aufl. 2015, S. 181 ff.

Tipp 4: Schreiben per Hand

Student X lernt und arbeitet digital. Studienliteratur hat er auf dem Tablet oder in der Cloud gespeichert. Was nicht elektronisch erhältlich ist, erscheint ihm inferior. Etwa *Philipp Heck*, Grundriß des Sachenrechts, 1930. Aufzeichnungen fertigt er ausschließlich auf dem Laptop. Mich fasziniert Technik und die computermäßige Verknüpfung von Inhalten. Jedoch fehlt mir beim Tippen auf Tastaturen und Smartphones die haptische Qualität. Selbstgeschriebenes konnte ich mir immer besser merken als wohlformatierten Computertext. Als „paradigmatisch" denkender Student (s. dazu Tipp 3) habe ich in Probeklausuren nur die Obersätze auf den verschiedenen Prüfungsebenen ausformuliert, Meinungsstreitigkeiten nicht.

Tipp 5: Perspektivwechsel

Student X urteilt nach Abgabe der fünfstündigen Strafrechtsklausur im Staatsexamen: „Das war einfach. Ich kannte den Fall." Ich habe dem Gefühl, dass eine Klausur einfach zu lösen war, stets misstraut. Die Äußerung des Studenten X könnte darauf beruhen, dass er sich auf ihm bekannte Probleme fokussiert und womöglich die Schwerpunkte in der Klausur nicht richtig gesetzt hat (s. dazu auch Tipp 3). Sie blendet auch die Perspektive des Klausurerstellers aus. Seine Aufgabe ist es, eine (theoretisch) 18-stufige Notendifferenzierung zu ermöglichen. Bei einer Prüfungsklausur ist davon auszugehen, dass jede Angabe im Sachverhalt bewusst gewählt ist. Erblasser E verfügt nicht etwa ohne Grund zugunsten des FC Bayern e. V. statt einer natürlichen Person. Es lohnt sich also, jede Formulierung dahingehend zu untersuchen, welche Wissensabfrage sich dahinter verbirgt. In weiten Teilen werden es „Normalfälle" sein (s. dazu Tipp 3), für die man in der Prüfungsvorbereitung Strukturen und perfekte Obersätze ausformuliert hat. Der oben erwähnte FC Bayern ist beispielsweise ein unspektakulärer Anwendungsfall des Prüfungsmerkmals „Erbfähigkeit“. Ein einzelner Satz dazu reicht in der Klausurlösung und bringt einen Aufmerksamkeitspunkt in den ersten Zeilen (!) einer Klausurlösung. Im Subtraktionsverfahren lassen sich vergleichsweise schnell die „härteren Nüsse“ in der Klausur identifizieren. Und auch hier gilt: Der Einstieg erfolgt über einen in der Prüfungsvorbereitung zurechtgelegten Obersatz und die Erkenntnis, dass hier eine Abwandlung des „Normalfalls“ vorliegt. Das vorschnelle Zusteuern auf das bekannte Problem des Falles verkennt, dass in der Klausur stets Ebene für Ebene sorgfältig abgearbeitet werden muss, damit der Korrektor eine hohe Punktzahl vergeben kann.

Student X ist heute Top-Anwalt – es gibt keinen Generalplan für ein erfolgreiches Studium.

Der sich lohnende Marathon

Valerie Holsboer (Rechtsanwältin; Erstes Juristisches Staatsexamen 2001)

Schon mit dreizehn wusste ich, dass ich Jura studieren möchte. Das habe ich unmittelbar nach dem Abitur im Jahr 1996 dann auch gemacht, war zügig „scheinfrei", hatte 2001 mit dem sogenannten Freischuss das erste und nach dem Referendariat 2003 das zweite Prädikatsexamen in der Tasche. In der Schule drehte ich nie eine Ehrenrunde, im Studium habe ich alle Hausarbeiten selbst geschrieben und nicht nur Vorlesungen, sondern zusätzlich die angebotenen Ringvorlesungen besucht. Der erste Job war bereits angetreten, bevor die Examensergebnisse überhaupt da waren – der Arbeitsvertrag war mit einer auflösenden Bedingung für den Fall des Nichtbestehens und einer Freistellung für die mündliche Prüfung im Falle des erwarteten Bestehens vereinbart.

Spießig und langweilig

Bei all den spektakulären Bildungs-Berufs-Lebensgeschichten mit Irrungen und Wirrungen, Fachwechseln, Selbstfindungsphasen, Durchhängern, kreativen Auszeiten, Neustarts etc., die manche Berufstätige rückblickend mit leuchtenden Augen berichten, klingt mein Ausbildungsweg vermutlich spießig, unspektakulär und langweilig.

Den sensationshungrigen Leser könnte ich nun rund 6.000 Zeichen lang auf die Überraschung warten lassen. Darauf, dass die Einleitung so doch nicht stimmt oder dass die wahre

Geschichte dahinter voller Klausurenkrimis, Datenklau, persönlicher Dramen und Experimenten mit toxischen Mitteln oder sonst etwas steckt. Nun, ich bin ein Freund von solidem Erwartungsmanagement und möchte daher ankündigen: Diesen Wendepunkt werden meine Ausführungen nicht haben.

Gezielter Energieeinsatz

Warum schreibe ich trotz der scheinbaren Langweiligkeit meines Studiums diesen Beitrag und wie kann er angehenden Juristinnen und Juristen Unterstützung und Inspiration für die Zeit des Studiums sein? Den Beitrag schreibe ich, um eine Lanze für Klarheit, Ordnung, innere Ruhe, Disziplin und ablenkungsfreie Aufgabenerledigung zu brechen. Wo kein Drama ist, muss auch keines gemacht werden, Lernstoff geht vom Lamentieren nicht weg – auch wenn dies laut in der Gruppe erfolgt – und es ist völlig gleichgültig, ob einem der Professor sympathisch ist oder nicht. Es bringt nichts, semesterlang hinter dem Zaubermittel, der perfekten Lernmethode, der optimierten Kurskombination oder dem vermeintlichen Idealbild eines (Jura-)Studentenlebens herzujagen – alles Zeitverschwendung. Ich werbe für das Unspektakuläre, für gezielten Energieeinsatz: nicht verzetteln, nicht jammern, nicht ablenken lassen – dranbleiben, konzentrieren, durchziehen.

Bewusste Entscheidung

Das Jurastudium ist ein Marathonlauf. Die Strecke ist klar und das Ziel steht. Es gibt keine Abkürzungen oder Tricks und wer mittendrin aufhört, bekommt keine Urkunde. Die Trainingsmethoden variieren sicherlich, aber egal, welche man anwendet, so ändert das nichts an der Tatsache, dass das Jurastudium äußerst lernintensiv ist und viel Kraft, Ausdauer und Fleiß verlangt. Das soll nicht abschrecken, sondern zeigen, dass dieses Studium für jeden, der es ernsthaft betreiben möchte, für die nächsten Jahre seines Lebens der Haupt-Job ist. Es wird im Zentrum des Tuns und Fühlens stehen und viel Zeit und Nerven verschlingen. Das sollte sich jeder vor Aufnahme des Studiums klarmachen und sich diesem Umstand entweder bewusst hingeben oder es konsequent sein lassen. Ich kenne niemanden, der mit einer improvisierenden „Das wird schon irgendwie gutgehen"-Haltung zum Examen gekommen ist. Egal, wie locker und flockig Lebensgeschichten manchmal erzählt werden, ohne Fleiß und Disziplin wird das nichts.

Das Leben findet immer statt

Ich weiß nicht, ob es noch so ist. Als ich damals mit dem Jurastudium anfing, hielt sich hartnäckig das Gerücht, die ersten Semester seien reine Orientierungs- und unbedingt Partysemester. Wenn nicht jetzt, wann dann, war eine beliebte Parole. Einige meiner Studienkolleginnen und Studienkollegen hatten regelrecht darunter gelitten, dass ihre (Entschuldigung!) Alt-68er Eltern Dauerdruck machten, sie müssten in der Studentenzeit so richtig exzessiv leben, die Sau raus und es krachen lassen. Der Spaß sei dann schließlich im Arbeitsleben und spätestens mit der Familiengründung vorbei. Was für ein Humbug! Erstens wird dieser Vergnügungsdruck nicht selten aus einer verzerrten, romantisierten Erinnerung heraus gemacht (die waren gar nicht so wild, wie sie tun). Zweitens ist nichts nie vorbei. Es hat meines Erachtens größtes Frustrationspotential, Lebensphasen mit erwarteten Gefühlen zu koppeln. Das ist, als müssten wir ein lebensphasenorientiertes Emotionsprogramm abarbeiten, das so in etwa sagt: isoliert psychotisch während des Abiturs, wild ekstatisch im Studium, panisch überfordert im Examen, angepasst gebrochen im Job, volatil heiter in der Familienphase und so weiter. Das Sozialleben muss im Studium weder eingestellt noch maximal überdosiert werden – einfach leben, nach eigener Vorstellung.

Strukturverständnis, Schemata

Der Stoff kann nie umfassend gelernt werden, weder in der Breite noch in der Tiefe, egal, wie lange das Examen hinausgeschoben wird. Davon kommt der Spruch „Mut zur Lücke". Viele der Definitionen müssen einfach auswendig gelernt werden. Mit der sogenannten mutigen Lücke ist nur dann ruhiger Schlaf möglich, wenn das System an sich verinnerlicht ist. Es muss sich irgendwann anfühlen wie Schwimmen – das ist bei Strömung anders als im Pool, und Salzwasser trägt mehr als Süßwasser, aber es ist immer Schwimmen. Jedes Rechtsgebiet folgt einem Denkweg, aus dem sich das Prüfschema ableitet. In den Vorlesungen habe ich das große Bild verstanden und das Denken und Abwägen gelernt. Das konkret anzuwendende Schema, also das fast technisch anmutende Handwerkszeug, habe ich zwei Semester vor dem Examen beim Repetitor gelernt. Die Kombination von Vorlesungen mit Seminaren und Repetitorium ist meines Erachtens der Königsweg.

Körperliche Fitness

Die Klausuren dauern bis zu fünf Stunden (das hat sich, glaube ich, nicht geändert). Wer nicht länger als 30 Minuten aufmerksamkeitsfähig ist, hat ein Problem. Vielen kommen körperlich und psychisch an ihre Grenzen. Die 50 Probeklausuren, die vor dem Examen empfohlen werden, habe ich fast vollständig durchgezogen. Nicht alle streng nach Wecker, immer zu Hause und mit vielen Kühlschrankpausen. In der Bibliothek konnte ich nicht lernen. Die Nervosität der anderen und die bedeutungsschwangere Atmosphäre haben mir keinen positiven Rahmen gegeben. Stundenlange Konzentration, das Lernen und Schreiben müssen wie eine Sportart kontinuierlich, nicht nur vor den Klausuren, trainiert werden. Gleichzeitig ist irgendein Ausgleichssport notwendig, schon um das lange Sitzen auszugleichen. Es muss nicht der Iron-Man sein, aber ohne eine solide Grundfitness wird es hart. Ich bin eine Läuferin, und oft konnte ich meinen Vater - ebenfalls Jurist - auf dem Fahrrad als Begleitung und Sparringpartner für rechtliche Themen gewinnen, inhaltsoptimierter Sport.

Es lohnt sich

Abschließend und zur Abrundung der leidenschaftslosen Einleitung erlauben Sie mir noch die leidenschaftliche Offenbarung: Mein Leben vor, während und nach dem Jurastudium ist großartig. Ich möchte keinen Tag missen, nicht einmal die Langeweile. Integrität und Einsatz haben sich immer gelohnt und selbst aus beruflichen und privaten schrägen bis üblen Erfahrungen ist immer etwas Stärkeres und Besseres hervorgegangen. Den Wahrnehmungshorizont so weit zu öffnen und die Deutungshoheit über das eigene (Er-)Leben zu beanspruchen, ist übrigens auch durch das Jurastudium gefestigt worden. Es lohnt sich wirklich es durchzuziehen. Gutes Gelingen!

Erklärungskreise

Carlotta Jung-Arras (Doktorandin, Referendarin am Landgericht Frankfurt; Erstes Juristisches Staatsexamen 2018)

Ich stamme aus einer Mediziner-Familie. Die Jura-Welt war mir zu Beginn des Studiums gänzlich unbekannt. Gutachten- und Urteilsstil – noch nie gehört. Subsumption – was ist das bitte? Prädikat – wofür soll das gut sein? Ich war am Verzweifeln, besonders wenn ich die vorlauten Bemerkungen meiner Kommilitonen hörte. Aber mein Vater sagte zu mir: „Abgerechnet wird am Schluss."

In der 11. Klasse habe ich ein Schuljahr im Ausland absolviert mit Abschlussexamina am Ende des Jahres. Diese Erfahrung hat mir gezeigt, wie wichtig es ist, von Anfang an mitzumachen, mitzulernen und am Ball zu bleiben. Ansonsten stünde ich am Ende vor einem Berg von Lernstoff, den ich kaum bewältigen könnte. So bin ich von Beginn an in die Vorlesungen gegangen und habe sie nachbereitet, war in den Arbeitsgemeinschaften und habe die dort gestellten Hausaufgaben gemacht. Ich lernte unter anderem, was Gutachten- und Urteilsstil ist, was Subsumption bedeutet und was ein Prädikatsexamen ist. Und nach und nach lief das Studium – natürlich mal besser, mal schlechter – aber auf jeden Fall war ich lange nicht mehr so sehr am Verzweifeln wie in den ersten Wochen.

Dann aber, nach einem guten halben Jahr, stand ich kurz davor, aufzugeben: ich hatte das Gesetzgebungsverfahren einfach nicht verstanden. Es war mir schleierhaft, von wem die Gesetzesinitiative ausgeht, was Lesungen sind und wer für den Gesetzesbeschluss mit welcher Mehrheit mitwirken muss. Ich dachte aber, bevor ich hinschmeiße, versuche ich es ein letztes Mal zu verstehen, weil, so blöd kann ich nicht sein. So habe ich mich in den Semesterferien für drei Tage in der Bibliothek vergraben, mir diverse Skripte und Bücher zum Staatsorganisationsrecht geschnappt, gelesen und Notizen gemacht. Und indem ich mich ausschließlich und sehr vertieft mit dieser klar abgegrenzten Thematik beschäftigt habe, habe ich es verstanden. Seit diesem Zeitpunkt wusste ich, wenn ich mich genügend in etwas reinarbeite und es verstehen will, dann verstehe ich es auch. Diese Erfahrung war wichtig und hat mir über das gesamte Studium hinweg und auch während meiner Dissertation sehr geholfen.

Gleichzeitig war mir klar, dass ich niemals alles wissen kann. Dazu ist das Fachgebiet Jura zu umfassend und die Kapazitäten meines Gedächtnisses sind begrenzt. Deshalb habe ich mir immer klar gemacht, dass es sich durchaus lohnt, sich in manche Themen und Fragestellungen reinzuknien, um diese bis ins letzte Detail zu verstehen. Zugleich gibt es Probleme und Streitstände, die so verrückt und so wenig (examens-) relevant sind, dass es sich nicht auszahlt, in diese Energie zu stecken. Insofern habe ich stets versucht, das Wesentliche richtig gut zu beherrschen, aber bei weniger wichtigen Themen habe ich oberflächlicher gelernt und hatte auch Mut zur Lücke.

Während des Studiums habe ich mir regelmäßig zunächst Vorlesungsunterlagen, Lehrbücher oder Skripte genommen und alles in Stichpunkten in einem Word-Dokument zusammengefasst. Einige Wochen vor der jeweiligen Klausur merkte ich, dass meine Zusammenfassungen viel zu lang sind. Ich habe mir dann mein selbstgeschriebenes „Skript“ vorgenommen und bin jeden Stichpunkt noch einmal durchgegangen. Ich habe ihn erneut durchdacht und auf seine Sinnhaftigkeit überprüft. Das wirklich Wichtige habe ich mit Hand auf Karteikarten geschrieben. So habe ich den Lernstoff weiter komprimiert, tiefer durchdrungen und gleichzeitig wiederholt. Auch konnte ich Fehler korrigieren, die sich vorher eingeschlichen hatten. Das war ein doppelter Aufwand, aber der doppelte Aufwand war im Ergebnis das Richtige.

Mir war es wichtig, den relevanten Lernstoff einmal mit Hand aufzuschreiben. Aus eigener Erfahrung wusste ich, wie leicht es ist, Karteikarten und Skripte am Computer zu tippen. Es geht viel schneller und man kann mal eben ganze Abschnitte löschen und neu schreiben. Aber gerade, weil das Schreiben mit der Hand länger dauert, ist es so gut. Dadurch habe ich über alles länger nachgedacht und konnte mich später an die vielen Fragen und Antworten besser erinnern. Diese Methode führte zwar dazu, dass ich viele Karteikarten mehrmals geschrieben oder auch nach einem halben Jahr noch einmal neu gemacht habe. Jedoch habe ich auf diese Weise die Themen viel genauer wiederholt und vor allem durch die Fehler auf alten Karteikarten gelernt. Denn wenn ich einmal etwas falsch gemacht hatte und mich darüber ärgerte, es neu machen zu müssen, blieb mir die richtige Lösung besser im Gedächtnis.

Gleiches galt für Klausuren. Über schlechte Klausuren habe ich mich geärgert. Ich bin sie Abschnitt für Abschnitt durchgegangen. Oft dachte ich, sowas Dummes schreibst Du nicht nochmal, die richtige Lösung ist doch viel sinnfälliger. Und durch diese Fehleranalyse in Kombination mit meinem Ärger, konnte ich mir die richtige Lösung gut merken. Sogar schlechten Musterlösungen konnte ich so etwas abgewinnen. Indem wir uns in der Repetitoriumsgruppe gemeinsam über die Musterlösung aufgeregt haben und besprochen haben, wie die bessere Lösung aussehen müsste, erinnerte ich mich später viel besser daran.

Ich war nie in typischen Lerngruppen. Das Tempo der anderen war mir zu schnell oder zu langsam. Ich fand den Gruppendruck eher belastend als motivierend. Stattdessen hatte ich „Erklärungskreise“: Ich kam mit einer Frage zu einem Freund oder einer Freundin. Man erklärte mir die Lösung, bis ich sie verstanden hatte. Freunde kamen mit der gleichen Frage oder auch mit anderen Fragen auf mich zu, die ich wiederum erklärte und auf diese Weise mein Wissen wiederholte. Dank Sprachnachrichten ging das schnell und entspannt vom Schreibtisch aus und vor allem konnte man sich die richtige Lösung auch öfters anhören, bis es „klick“ machte.

Auf diese Weise wurde mir klar, dass ich mir Inhalte besser merken kann, wenn ich sie laut ausspreche. Das bloße laute Vorlesen der Karteikarten war nicht ausreichend. Ich musste den ganzen Lernstoff jemandem in verständlichen Worten erklären. Da ich alleine wohnte, nahm ich mir meinen Stoffhasen und erklärte ihm alles vom Eigentümer-Besitzer-Verhältnis über den Schwarzarbeiterfall bis zu den verschiedenen Arten der Straßenverkehrsdelikte. Nicht nur habe ich so den Lernstoff besser behalten, gleichzeitig hat es mich motiviert. Denn den Stoffhasen hatte ich von meinem damals bereits verstorbenen Großvater geschenkt bekommen, der mich immer angespornt und an mich geglaubt hat. Vielleicht findet es manch einer zum Lachen, mir hat es auf jeden Fall geholfen!

Gestartet bin ich in das Jurastudium mit der Haltung es auszuprobieren. Wenn ich nach ein oder zwei Semestern merken würde, dass mir Jura nicht liegt oder es mir nicht gefällt, könnte ich immer noch Medizin studieren. Diesen Plan B hatte ich stets im Hinterkopf, sogar noch im Staatsexamen. Denn kurz vor den Prüfungen las ich in den Medizinbüchern meines Bruders, deren Inhalte ich sehr spannend fand. Dennoch war mir klar: Ich hatte so viel für das Jurastudium gelernt, nun werde ich das Examen auch schreiben – aber im Herbst werde ich doch Medizin studieren. Während des Studiums half mir mein Plan B nicht durchzudrehen, wenn es mal nicht so lief, wie ich es gerne gehabt hätte. Im Staatsexamen gab mein Plan B mir die dringend notwenige Gelassenheit, um die sechs Klausuren erfolgreich zu schreiben.

Und mein Vater hatte Recht. Abgerechnet wird tatsächlich am Schluss! Diejenigen, die in den ersten Wochen so laut mit juristischen Begriffen um sich geworfen hatten, zählten am Ende nicht unbedingt zu den Erfolgreichen. Ich hatte am Anfang keine Ahnung von Jura, aber habe mein Staatsexamen sehr erfolgreich bestanden. Und natürlich habe ich dann nicht mehr Medizin studiert. Stattdessen habe ich mit meiner Promotion begonnen und als Wissenschaftliche Mitarbeiterin in einer Kanzlei angefangen. Die Arbeit dort macht mir enormen Spaß, und ich bin wirklich froh, dass ich bei Jura geblieben bin.

Be your Chief Emotional Learner

Clarissa Käfer (Steuerberaterin, Wirtschaftsprüferin, Qualifizierter Aufsichtsrat; Zweites Juristisches Staatsexamen 2000)

Richtig lernen. Wie wichtig das ist, wusste ich in den 1990er Jahren noch nicht. Wie sollte ich auch! In der Schule vermittelten uns die Lehrer den Stoff in bekömmlichen Portionen, die wir x-mal durchkauten. Im Jurastudium bestand ich die Klausuren und Hausarbeiten gut mit verhältnismäßig wenig Aufwand. Spätestens zu Beginn der Vorbereitung auf das Examen wurde mir jedoch klar, dass mein bisheriges Lernen mich nicht zum gewünschten Erfolg führen würde. Zu oft geriet ich in Situationen wie diese:

Wieder mal einer der Samstage, an denen ich eine Übungsklausur schrieb. Im Hörsaal hatte ich ganz hinten Platz genommen – versteckt wie immer. Die Klausurblätter waren gerade erst ausgeteilt worden. Trotzdem hatten einige Studentenkollegen schon begonnen, die Lösung niederzuschreiben. Ich hatte den Text noch nicht einmal zu Ende gelesen, geschweige denn verarbeitet und ein Schema im Kopf entwickelt. Als ich dann versuchte, mir die einzelnen Prüfungspunkte ins Gedächtnis zu rufen, konnte ich die Subsumtionen nur lückenhaft wiedergeben.

Im Nachhinein weiß ich, dass mir zu Beginn der Vorbereitungsphase die passenden Lerntechniken gefehlt haben. Das war der Grund, warum ich mein Wissen in Prüfungssituationen nicht gezielt abrufen konnte. Erst allmählich erlernte ich das richtige Lernen.

Nach bitteren, frustrierenden Niederlagen mit schlechten Übungsklausuren riss ich das Ruder herum in Richtung Erfolgskurs. Wie? Nicht nur, indem ich mir den Stoff selbst aufbereitete, sondern auch mit hilfreichen Strategien und Techniken. Diese haben mir nicht nur dabei geholfen, das Juraexamen zu bestehen, sondern auch das Steuerberater- und das Wirtschaftsprüferexamen sowie die Prüfung zum Qualifizierten Aufsichtsrat.

1. Sorge für gute Stimmung beim Lernen! Be your Chief Emotional Learner.
2. Plane dein Lernpensum und wiederhole die Lerneinheiten.
3. Weniger ist mehr – mach aus dem Stoffbatzen leicht verdauliche Häppchen.
4. Geteiltes Wissen ist besseres Wissen.
5. Visualisiere Deinen Erfolg – mit allen Sinnen.

Mit dem 5. Trick, eine mentale Technik, arbeiten übrigens auch Spitzensportler. Mir verhalf er zu so manchem Preis und auch zum deutschen Meistertitel in der Disziplin Snowboard-Halfpipe.

Be your Chief Emotional Learner – sorge für gute Stimmung

Wenn ich im Auto sitze und ein geniales Lied höre, dann bringt mich das in gute Stimmung. Dann fällt mir vieles leichter. Vielleicht geht es Ihnen ähnlich. Genauso ist es auch im Geschäftsleben: Wenn der Chef gute Laune hat und seine Mitarbeiter damit ansteckt, wird mehr Umsatz gemacht. Hat der Vorgesetzte erkannt, dass ER der Chief Emotional

Officer ist und neben der fachlich qualifizierten Führung für gute Stimmung sorgen soll, dann haben auch die Mitarbeiter mehr Spaß am Arbeiten. Sie arbeiten dann besser und schneller.

Genauso ist es auch beim Lernen: Wer prächtige Laune hat, lernt besser und schneller. Die Lerneinheit mit einem freudigen Ereignis zu beginnen, erleichtert das Lernen. Das kann ein Spaziergang an der frischen Luft, eine gute Sendung, ein tolles Musikstück, eine kurze Joggingeinheit, eine lange Dusche oder ein Bad oder irgendwas sein, was die Stimmung deutlich hebt.

Plane und wiederhole

Das Wichtigste bei all meinen Prüfungen und Examina waren meine Lernpläne, die ich nach Lerneinheiten pro Fach einteilte. Die Pläne motivierten mich. Zudem gaben sie mir ein befriedigendes Gefühl, wenn ich sah, was ich alles schon gelernt hatte und abhaken konnte. Auch regelmäßige Wiederholungen sah ich in den Plänen vor. Unser Gedächtnis liebt Wiederholungen. Studien belegen, dass wir die Hälfte des Erlernten bereits nach 20 Minuten wieder vergessen. Daher ist es wichtig, nach ein oder zwei Stunden und dann nach ein bis zwei Tagen den Lernstoff nochmal zu wiederholen.

Weniger ist mehr

Beim Wirtschaftsprüferexamen musste ich sehr viele IDW-Standards auswendig lernen. So ein Standard kann bis zu 200 Seiten haben. Da half es mir, den Standard auf einer oder zwei Seiten als Mindmap zusammenzufassen und darzustellen. Mindmapping ist eine effektive Methode, da unser Gehirn Informationen am besten speichert, wenn sie in Beziehung zueinander stehen.

Visuelles Lernen hat mir immer sehr geholfen. Für mich war es sehr hilfreich, den Stoff nicht nur zu lesen, sondern ihn rauszuschreiben oder mit verschiedenen Farben zu markieren und den Text durchzunummerieren. Auch hier ist weniger mehr. Bei mir hatten die fünf verschiedenen Farben, die ich verwendete, jeweils eine Bedeutung. Sparsames Markieren und das Hervorheben von Signalwörtern machten die wichtigen Infos noch deutlicher. Gerade zu Beginn des Jurastudiums sind meines Erachtens Karteikarten oder Schemata sehr gut geeignet, einen Überblick zu gewinnen und diesen auch zu behalten. Für das Jurastudium gab es schon damals sehr viele vorgefertigte Karteikarten, die ich einfach ergänzt habe.

Geteiltes Wissen ist besseres Wissen

Der regelmäßige fachliche Austausch in einer Lerngruppe mit zwei oder drei anderen Kommilitonen macht nicht nur Spaß. Er bringt auch viel, wenn es ums Lernen geht: Das gemeinsame Besprechen von Fällen und Abfragen gibt eine neue Perspektive auf die Themen und zeigt deutlich, welche Schwächen noch vorhanden sind und welcher Stoff schon sitzt.

Es hat jeden von uns gezwungen, das Gelernte wörtlich zu wiederholen und darüber zu sprechen sowie sich und den anderen Fragen zu stellen. Wenn ich Gelesenes mündlich wiedergebe und es anderen erkläre, verstehe ich es besser und kann es mir leichter merken. Bei uns endete so ein Lernnachmittag oft mit einem anschließenden Koch- oder Backevent und einem gemeinsamen Abendessen.

Visualisiere Deinen Erfolg – mit allen Sinnen

Im Leistungssport ist es von großem Vorteil, den Ablauf des Wettkampfs und den anschließenden Erfolg vorher mehrfach zu visualisieren. Stellen wir uns ein Ziel und den Weg dahin als inneres Bild mit allen Sinnen vor, fällt es uns viel leichter, es in der Realität zu erreichen. Sicher habe ich für meine Wettkämpfe immer hart trainiert, aber die Vorstellung, wie jeder Snowboard-Halfpipe-Sprung ausgeführt wird und die Visualisierung des Sieges auf dem Treppchen, waren sicher mehr als die Hälfte des Erfolges.

Ich bin überzeugt und habe selbst erlebt, dass das Vorgehen auch beim Examenschreiben funktioniert: Ich habe schon vorher über Monate hinweg den Erfolg visualisiert. Dafür waren drei Voraussetzungen wichtig: 1. Prägnante, positive Merksätze – 2. Zweimal pro Tag Zeit und Ruhe – 3. Die Visualisierung meiner Sätze mit allen Sinnen. Der ruhige Platz war für mich die hellbraune Couch im Wohnzimmer – am Morgen und am Abend. Das Telefon und alle anderen Störfaktoren waren ausgeschaltet. Ich hatte drei positive Sätze formuliert, die den Erfolg ausdrückten. Es waren Sätze, die meine Gefühle, meine Erleichterung nach dem Bestehen der Prüfungen und meine Freude darüber beschrieben. Ich habe mich jeden Tag in die Situation versetzt, als hätte ich schon bestanden und würde mich grandios und happy fühlen. Bis zu meinem mündlichen Examen hatten sich genau dieses Gefühl und der Glaube daran so tief in mein Unterbewusstsein eingebrannt, dass mein Handeln auf den Erfolg ausgerichtet war. Mehr Infos zu dieser mentalen Technik bieten u. a. die Bücher von Joseph Murphy (z. B. Die Macht des Unterbewusstseins).

Neue Sprache

Jil Kalender (Rechtsanwältin bei Hengeler Mueller – Partnerschaft von Rechtsanwälten mbB; Erstes Juristisches Staatsexamen 2017)

Anders als bei vielen meiner Kommilitonen ist die Entscheidung, Jura zu studieren, bei mir erst nach dem Abitur gefallen. Zuvor wollte ich Wirtschaftswissenschaften studieren, habe mich jedoch sehr plötzlich und aus einem (letztlich richtigen) Bauchgefühl heraus anders entschieden. Ich ging an das Studium daher ziemlich unvoreingenommen heran und wusste nicht genau, was mich eigentlich erwartet.

Bereits in den ersten Wochen entdeckte ich meine Freude an Jura. Ich war schon immer sprachbegeistert und erkannte (nach einigen Rückschlägen), dass Jura zu einem großen Teil ein „Spiel mit der Sprache" ist. Dies gilt auch für den allseits gefürchteten Gutachtenstil. Richtige Sprache ist das Wichtigste. Zum Beispiel hatte ich in meiner ersten Hausarbeit im Zivilrecht bloß vier Punkte – und habe mich gewundert! Ich habe erkannt, dass es nicht nur um die richtige juristische Lösung geht, sondern darum, wie man diese „verpackt". Ein Repetitor sagte zu mir, dass Jura seine „eigene Sprache" hat, die man lernen müsse und dass man eine „Liebe zur Sprache" entwickeln müsse. Und wie lernt man diese neue Sprache? Ich habe mir Aufsätze und andere juristische Literatur durchgelesen und dabei nicht nur auf den Inhalt, sondern bewusst auf das Vokabular geachtet, das verwendet wird. Einzelne Wörter habe ich aufgeschrieben und eine „Vokabelliste" erstellt.

Ferner habe ich gute (!) Altklausuren gelesen. Von unserer Fachschaft gab es CDs mit solchen Klausuren. Ansonsten findet man immer gute Beispiele in den Ausbildungszeitschriften. Auch diese Klausuren habe ich nach juristischem Vokabular, das man in jede Klausur „einbauen" kann, durchsucht. Während andere versucht haben, unser internes „Alpmann-Ziel" zu erreichen, das heißt 100 Klausuren zu schreiben, habe ich viele Klausuren (bewusst) gelesen. Natürlich gilt es auch, viele Klausuren zu schreiben – die Siegerin im Alpmann-Kurs war ich aber nicht. Durch die Lektüre von Klausuren kann man sich die richtige Sprache aneignen und diverse juristische Probleme kennenlernen. Dadurch, dass man für die Lektüre anders als für das Ausformulieren keine fünf Stunden braucht, spart man Zeit. Durch den bewussten Einsatz von juristischer Sprache erreicht man, dass sich der Korrektor über die „Signalwörter" freut und dadurch vielleicht über den ein oder anderen Fehler (und den wird man haben – auch im Examen!) hinwegsieht. Insbesondere sollte man die „Signalwörter des Gutachtenstils" bewusst einsetzen und, was anfangs ungewohnt und übertrieben wirkt, möglichst häufig schreiben, dass etwas „fraglich" oder „zu prüfen" ist. Dadurch macht man deutlich, dass einem der Sinn und Zweck des Gutachtenstils bewusst ist. Man muss sich beim Verfassen einer Klausur immer vor Augen führen, wer diese korrigieren wird. Das sind (an der Uni und im 1. Examen) Professoren, die mit dieser Sprache seit Jahren arbeiten. Im 2. Examen sind es dann Praktiker, so dass man sich anschauen muss, „wie die Praktiker schreiben". Dadurch kann man sich abheben.

Natürlich musste ich auch den Inhalt lernen. Ich kann am besten dadurch lernen, indem ich die Dinge handschriftlich niederschreibe. Während Kommilitonen teilweise fertige Karten von den Repetitoren erwarben, schrieb ich unzählige Karteikarten selbst, insgesamt zehn Karteikartenboxen voll. Das ist natürlich Typsache. Ich persönlich hatte aber immer das Gefühl, dass man sich durch das Schreiben besser mit dem Inhalt auseinandersetzt.

Eine Erkenntnis, die ich aus (beiden) Examen gewonnen habe, ist, dass man sich auf die Grundlagen konzentrieren sollte. Natürlich gibt es Standardprobleme, wie die Abgrenzung von Raub und räuberischer Erpressung im Strafrecht, die immer wieder kommen und die man beherrschen muss. Ich hatte jedoch keine Klausur im Examen, in der mir alle Probleme bekannt waren. Ich habe irgendwann erkannt: Man kann nicht alles lernen! In Jura schreibt man keine Multiple-Choice-Klausuren, für die man vorher den Stoff auswendig lernt und das Wissen dann einfach wiedergibt. Die Lösung für den Umgang mit unbekannten Problemen ist die sichere Beherrschung der Grundlagen, wie zum Beispiel die Kenntnis von grundlegenden Prinzipien wie dem Demokratieprinzip und dem Rechtsstaatsprinzip sowie ihrer Ausprägungen und den allgemeinen Auslegungsgrundsätzen. Von diesen Grundlagen kann man bei der Lösung der unbekannten Probleme ausgehen und Argumente entwickeln. Beispielsweise halte ich es für unmöglich, im Strafrecht jede Definition bis auf das letzte Wort auswendig zu lernen, um sie dann in jeder Klausur identisch wiederzugeben. Auf meine Karteikarten kamen nur die relevanten Schlüsselbegriffe. Aus diesen Schlüsselbegriffen in meinem Kopf formte ich dann eine (vermutlich in jeder Klausur etwas andere) Definition. Wesentlich ist es zu wissen, was nun zum Beispiel wirklich das gefährliche Werkzeug von einer Waffe abgrenzt. Das Auswendiglernen eines konkreten, in vielen Lehrbüchern viel zu langen Wortlauts, führt nur zur Frustration.

Ich möchte noch einen Tipp zur Wahl der Lehrbücher geben. Man bekommt an der Uni viele empfohlen und hört von Kommilitonen, dass man unbedingt noch dieses oder jenes Buch lesen sollte (und dass sie dieses natürlich schon längst mindestens zweimal gelesen hätten). Es ist meines Erachtens aber wichtiger, sich auf ein Buch zu konzentrieren. Am besten sucht man sich zu Beginn eine Reihe, mit der man gut zurechtkommt. Nach meiner Erfahrung spielen dort auch so einfache Dinge wie Schriftart und Schriftgröße eine Rolle, aber auch die Art der Darstellung. Man muss Bücher finden, in die man gerne lange reinschaut. Vor allem sollte man sich dann pro Fach auf eins konzentrieren.

Mein letzter Hinweis ist, dass man darauf achten muss, dass Jura, auch kurz vor dem Examen, nicht das gesamte Leben einnimmt. Ich saß nie bis nachts in der Bib, sondern habe lieber kurz und effektiv gelernt. Ich habe die Erfahrung gemacht, dass Kommilitonen zwar bis nachts in der Bib waren – dafür aber einen erheblichen Teil des Tages in der Cafeteria verbrachten. Für mich war es wichtig, auch meine Freunde zu treffen und vor allem viel Sport zu machen. Ich war zum Beispiel nebenher noch Trainerin in meinem damaligen Volleyballverein. Ein Hobby neben dem Studium ist möglich und trägt meiner Meinung nach durch die Abwechslung auch zum Erfolg bei.

Ich wünsche Euch viel Erfolg für Euer Studium und für das, was danach kommt!

Häppchen

Leonhard Kappenhagen (Wissenschaftlicher Mitarbeiter bei Hengeler Mueller – Partnerschaft von Rechtsanwälten mbB; Erstes Juristisches Staatsexamen 2019)

Grundstudium – die Zeit vor der Examensvorbereitung

Das Grundstudium in Münster habe ich mit allem anderen verbracht, nur nicht mit dem Lernen. Zu Vorlesungen bin ich nie gegangen. Die Klausurvorbereitung habe ich erst begonnen, wenn es schon fast zu spät war und meine Kommilitonen mit dem Stoff schon halb durch waren. Das führte dann auch dazu, dass ich die meisten Klausuren zwar bestand, aber meistens eben auch nicht mehr. Solche eher unterdurchschnittlichen Leistungen war ich aus der Schule nicht gewohnt. Ich machte mir aber keine Gedanken darüber, weil ich schließlich auch keinen großen Aufwand betrieben hatte. Im dritten Semester fiel ich dann aber durch eine Schuldrechtsklausur. Das ärgerte mich so sehr, dass bei mir Zweifel aufkamen, ob Jura die richtige Wahl für mich war. Ich wollte Gewissheit darüber, ob ich ein guter Jurist sein könnte. Deshalb entschied ich mich, nicht – wie eigentlich vom Studienplan vorgesehen – zuerst den Schwerpunkt zu machen, sondern direkt mit der Examensvorbereitung zu beginnen. (Das ist nicht in allen Bundesländern möglich. Besteht diese Möglichkeit aber, kann ich diese Entscheidung jedem nur ans Herz legen. Man hat die größte Hürde geschafft und kann den Schwerpunkt dann entspannter angehen.)

Rahmenbedingungen der Examensvorbereitung

Für mich war es wichtig, in der Examensvorbereitung die richtigen Rahmenbedingungen zu schaffen, damit nicht mein ganzes Leben vom Lernen bestimmt wurde (auch wenn das zeitlich gesehen der Fall war).

Die Examensvorbereitung begann ich mit einer Gruppe von Freunden. Mit dieser verbrachte ich ab dann noch mehr Zeit als vorher schon. Das war wahnsinnig wichtig für mich. Zum einen beruhigte mich der Gedanke, dass ich nicht der einzige war, der viel Zeit am Schreibtisch verbringen musste. Zum anderen arbeitete man gemeinsam auf das Wochenende hin, das man nach getaner Arbeit noch besser genießen konnte. Wir haben immer viel zusammen unternommen, um Abstand vom Lernalltag zu bekommen. Diese Gruppe Gleichgesinnter war eine große Unterstützung für mich.

Erholung und Freizeit waren für mich sehr wichtig. Ich kannte aber das Gefühl, abends zuhause zu sitzen und mit dem Tagesergebnis nicht zufrieden zu sein. Das hat früher dann manchmal dazu geführt, dass ich um 21 Uhr noch halbherzig ein Skript ausgepackt habe, um mein Gewissen zu beruhigen. Leider machte das dann aber den Erholungseffekt des Abends zunichte, ohne dass ich noch wirklich produktiv gewesen wäre. Ich bin deshalb dazu übergegangen, die Lernzeit klar von der Freizeit zu trennen. In meinem Fall sah das so aus, dass ich ausschließlich in der Bibliothek gelernt habe und zuhause überhaupt nicht mehr. Dadurch war klar: Sobald ich die Bibliothek verlasse, ist Feierabend. Das lässt sich aber sicherlich auch für jemanden durchsetzen, der zuhause lernt, etwa, indem man eine Uhrzeit festlegt, zu der man immer Feierabend macht. Ein vorher festgelegtes Ende hat auch einen anderen Vorteil: Mir ist oft aufgefallen, dass ich in den letzten Lernstunden vor einem fest definierten Ende produktiver war als an Tagen, an denen das Ende offen war.

Die Verarbeitung des Lernstoffs

Die eigene Lernmethode ist sicherlich etwas sehr Individuelles, und nicht jede Lernmethode passt zu jeder Person. Ich glaube aber, dass es in jedem Fall wichtig ist, das Gelernte ständig zu wiederholen. Denn man kann sich über Monate jeden Tag noch so viel neues Wissen aneignen; wenn man es nicht wiederholt, wird man es nicht reproduzieren können, wenn es darauf ankommt.

Ich habe zunächst die Skripten meines Repetitors durchgearbeitet und mir diese handschriftlich zusammengefasst. Dadurch habe ich den Stoff ein erstes Mal gefiltert und verdaut. In einer zweiten Runde habe ich diesen Stoff noch weiter komprimiert und in ein digitales Karteikartenprogramm aufgenommen (In meinem Fall: repetico.de samt hauseigener Smartphone-App. Es gibt aber auch Alternativen.). Ich habe mir dabei – im Vergleich zu meinen Kommilitonen – besonders kurze und knappe Karteikarten erstellt. Diese bestanden meist nur aus einer Frage, die mit wenigen Worten zu beantworten war. Auf diese Weise war der Stoff in kleinere „Häppchen" aufgeteilt und ich konnte ihn deutlich besser behalten.

Das Karteikartenprogramm hat ein automatisches Wiedervorlagesystem. Jeden Morgen habe ich dann zunächst die Karteikarten abgearbeitet, die mir für diesen Tag vom Wiedervorlagesystem vorgegeben wurden. Das führte dazu, dass ich nicht nur ständig neuen Stoff lernte, sondern auch gleichzeitig das bereits Gelesene ständig wiederholte. Der Vorteil beim automatischen Wiedervorlagesystem: Die Karteikarten werden in Lernstufen unterteilt, abhängig davon, wie oft man sie richtig beantwortet hat. Je höher die Lernstufe, desto seltener taucht die Karte im Tagesprogramm auf. Beantwortet man eine Frage falsch, wird sie einem automatisch am nächsten Tag wieder vorgelegt. Erledigt man über einen längeren Zeitraum (fast) täglich sein Tagesprogramm, kann man eigentlich gar nicht anders, als den Stoff zu behalten.

Auch bei der Wiedervorlage war es angenehm, dass meine Karteikarten so knapp gehalten werden. Man ist deutlich schneller mit einer Karteikarte fertig. Die Hemmschwelle, sich in eine weitere Karteikarte hineinzudenken und sich mit der Frage auseinanderzusetzen, ist geringer, wenn die Karteikarte überschaubar ist. Außerdem ist das gefühlte Erfolgserlebnis umso größer, je höher die Anzahl der Karteikarten ist, die man vor der Mittagspause geschafft hat.

Generell bin ich ein Mensch, der Fortschritt dokumentiert sehen will. So gehe ich zum Beispiel nicht Joggen, ohne meinen Lauf per GPS zu tracken und Distanz und Zeit zu erfassen. Auch bei dieser Dokumentation hilft das Karteikartenprogramm: Am Ende des Tages sieht man, wie viele Karten man heute gelernt hat, wie viele richtig und wie viele falsch beantwortet wurden. Eine Prozentzahl zeigt für jeden Kartensatz an, wie gut man die Karteikarten schon beherrscht. Dadurch sieht man, was man geschafft hat, und wenn man einen Fortschritt sieht, motiviert das sehr für die kommenden Tage.

Ablenkung (negative wie positive)

Nichts ist ärgerlicher, als mehrere Stunden am Schreibtisch verbracht, davon aber nur einen Bruchteil produktiv gearbeitet zu haben. Jede Sekunde, die man auf sein Handy schaut, kann auf zwei Arten sinnvoller genutzt werden: Entweder man lernt, oder man nimmt sich wirklich frei und erholt sich, ohne dabei ein schlechtes Gewissen zu haben. Deshalb am besten: Handy in den Spind schließen oder (für „Heimlerner") ins Badezimmer/in die Küche/ins Zimmer des Mitbewohners legen. Und wenn es an einem Tag mit der Konzentration einfach mal nicht klappt: Feierabend machen und kein schlechtes Gewissen haben, solche Tage gibt es. Nach einem freien Tag ist man am nächsten umso fitter.

Fazit

Abschließend aufgezählt, waren mir folgende Punkte am wichtigsten:

1. Eine Gruppe Gleichgesinnter, mit denen man eine schöne Zeit jenseits des Lernens verbringt.
2. Klare Schnitte zwischen Lernzeit und Freizeit.
3. Kurze und knappe Karteikarten.
4. Tägliche Wiederholung durch Wiedervorlagesystem.
5. Handy außer Reichweite.
6. Wenn es mit der Konzentration einmal nicht klappen soll: früher Feierabend machen ohne schlechtes Gewissen.

Motivation durch Praxis

Fabian Kissenkötter (Juristischer Mitarbeiter bei Baker & McKenzie Partnerschaft von Rechtsanwälten und Steuerberatern mbB; Erstes Juristisches Staatsexamen 2020)

Es gibt viele Klischees über das Jurastudium. „Das ist doch staubtrocken!", war eines, das ich von meiner Mutter zu hören bekam, als ich ihr und meinem Vater von meinen Studienplänen erzählte. Und von ein paar Ausnahmen abgesehen, muss ich retrospektiv festhalten: Ganz unrecht hatte sie damit sicher nicht. Das Studium kann schon recht eintönig und trocken sein. Zwischen Skripten im Grundstudium und Karteikarten in der Examensvorbereitung bleibt wahrlich nicht viel Platz zur freien Entfaltung oder gar der praktischen Anwendung des Gelernten. Zugegeben, die Uni schreibt Pflichtpraktika vor. Und ich kann wirklich nur jedem raten, diese auch sinnvoll zu nutzen und sich nach besonders interessanten Arbeitgebern umzuschauen. Dazu aber später mehr. Im Wesentlichen möchte ich meinen Beitrag in diesem Buch dazu nutzen, fernab von Themen wie einer „richtigen" Lern- oder Konzentrationsstrategie, den Blick auf die Möglichkeiten eines stärker an der Praxis ausgerichteten Studiums zu richten und welche Chancen sich daraus ergeben können.

Für mich begann die „Praxis" im dritten Semester, im Rahmen eines Verhandlungswettbewerbs der European Law Students' Association („ELSA"). Diese und andere Organisationen bieten an fast allen Universitäten in Deutschland praktische und akademische Aktivitäten an. Als eine davon war die „ELSA Negotiation Competition“ für mich besonders reizvoll und ich meldete mich spontan mit einem sehr guten Freund und Studienkollegen für die Frankfurter Lokalausscheidung an. In dem Wettbewerb geht es darum, in zwei Zweierteams die Rollen von Verhandlungsparteien zu übernehmen und jeweils das beste Ergebnis für seinen „Mandanten“ herauszuholen. Wir bekamen daraufhin ein Verhandlungstraining bei einem renommierten Anwalt einer Frankfurter Großkanzlei, was im Übrigen auch das erste Mal war, dass ich eine Großkanzlei von innen gesehen habe. Ob es das Training oder unsere passablen Englisch- oder Verhandlungskenntnisse waren, die uns letztlich den Sieg im Lokalentscheid bescherten, kann an dieser Stelle dahinstehen. Fakt war jedoch, dass wir zum Nationalen Finale nach Düsseldorf fahren durften, was auch abseits des Wettbewerbs, in dem wir leider dem späteren Siegerteam unterlagen, eine wirklich schöne Erfahrung war.

Viel wichtiger als der Erfolg in diesem Wettbewerb war aber – so banal das klingt – tatsächlich die Teilnahme selbst. Sie allein hat mir bereits unfassbar viel mit auf den Weg gegeben, vor allem, was gemeinhin immer als „Soft Skills“ deklariert wird. Dabei war es auch vergleichsweise unwichtig, wie viele Semester man schon studiert oder welche Rechtskenntnisse man bereits erworben hat. Solche Wettbewerbe und Aktivitäten eignen sich also für jeden, ganz gleich wie weit und erfolgreich man im Studium schon ist.

Eine mindestens genauso wertvolle Lektion war aber auch: Networking kann sehr wichtig sein! Ich hatte mich beim gemütlichen Get-together nach der Lokalrunde des Verhandlungswettbewerbs in Frankfurt mit einem der Anwälte unterhalten, der während des Wettbewerbs in der Jury saß. Auf dem sogenannten „kurzen Dienstweg“ gelang es mir so, mein erstes Wahlpflichtpraktikum bei einer namhaften großen Kanzlei unter Dach und Fach zu bringen. Ich bin mit besagtem Anwalt in Kontakt geblieben (übrigens bis heute) und hatte ihn spontan gefragt, ob ein Praktikum in seiner Kanzlei möglich sei. Wie es der Zufall wollte, wurde ich dort einem Mentor zugeteilt, der mir mit der internationalen Schiedsgerichtsbarkeit ein mir bis dahin unbekanntes Rechts- und Tätigkeitsgebiet zeigte, das mich direkt in seinen Bann zog und dem ich bis heute treu geblieben bin. Ihm und dieser Erfahrung hatte ich auch zu verdanken, dass ich ein paar Jahre später drei Monate bei derselben Kanzlei im Londoner Büro arbeiten konnte. Eine wirklich prägende und tolle Erfahrung!

Was sind nun also meine Lifehacks für (angehende) Jurastudenten? Zum einen, denke ich, ist es wichtig, früh über den Tellerrand zu schauen und zu ergründen, was man eigentlich mal anstellen möchte mit diesem ominösen Staatsexamen. Denn anders als beispielsweise bei Lehramtsstudenten, wartet auf uns nicht ein klar vorgegebener Berufsweg. Das ist zwar auch das Schöne an diesem Studium, aber zugleich natürlich auch eine Last, sich irgendwann entscheiden zu müssen. Und solange man noch die Freiheiten des Studiums genießen kann, sollte man auch schauen, was einen nach dem Examen erwarten kann. Praktische Erfahrung kann nicht nur ein eindrucksvoller Eintrag im Lebenslauf sein, sondern einem natürlich vor allem in der beruflichen, aber besonders auch der persönlichen Entwicklung helfen. Dass Arbeitgeber nicht nur wandelnde Rechtsanwender, sondern auch Persönlichkeiten suchen, scheinen viele zu vergessen. Ich persönlich wurde oft von meinen Arbeitgebern bei der Aufgabenverteilung ins kalte Wasser gestoßen. Diese Erfahrung haben übrigens fast alle meine Kommilitonen in vergleichbaren Situationen gemacht und es hat uns allen ausgesprochen gut getan. Das Studium wird durch etwas Praxis greifbarer, graue Theorie wird im Idealfall zur spannenden Praxis, auch wenn die Arbeit freilich nicht immer was mit dem Curriculum zu tun hat, so wie in meinem Fall.

Zum anderen gilt: Networking hilft. Das bedeutet nicht, dass man zu jeder Abendveranstaltung gehen und sich ausschließlich mit den vermeintlich bekanntesten und wichtigsten Leuten unterhalten soll. Aber es ist immer viel wert, den Austausch zu suchen, sei es mit Berufsträgern aus Praxis und Wissenschaft oder auch schlicht mit den Kommilitonen – denn auch die werden mutmaßlich irgendwann mal Kollegen sein. Networking ist übrigens nicht nur im karrieretechnischen Sinne zu verstehen. Wer sich herauswagt und auch mal außerhalb seines üblichen Zirkels mit neuen Leuten in Kontakt kommt, findet vor allem auch neue Freunde. Alleine in meinen praktischen Stationen, sei es nun als Praktikant oder juristischer Mitarbeiter in einer Kanzlei, habe ich viele neue Freundschaften geknüpft, die auch nach dem Ende des Arbeitsvertrags weiter Bestand haben. Selbiges gilt mindestens genauso für meine Zeit bei ELSA. Netzwerken kann eben auch ganz banal heißen, Freunde zu gewinnen.

Last, but not least: der Schwerpunkt. Neben studentischen Initiativen und Aktivitäten (sei es nun ELSA, Moot Court oder Law Clinic) bietet der Schwerpunkt die einzige universitäre Möglichkeit, zumindest mal fachlich neue Seiten der Rechtswissenschaft kennenzulernen oder bestehende Interessen zu vertiefen. Für mich war das die Vertiefung der Kenntnisse über internationale Prozessführung, sowohl von staatlichen als auch von Schiedsverfahren sowie alternativen Streitbeilegungsmethoden. Was ich aber nicht gedacht hätte, ist, dass ich im Schwerpunkt – damals ein wenig aus der Not geboren – auch ein bis dahin nicht unbedingt vorhandenes Interesse für Rechtsgeschichte entwickelte. Bei aller Kritik am Schwerpunktstudium hinsichtlich der Noten und Vergleichbarkeit, kann es doch die Augen für Neues öffnen und dem Studium (kurz vor dem Ende) einen neuen Motivationsschub geben.

Was bringen einem diese Tipps nun für ein erfolgreiches Jurastudium? Zu allererst: mir hat das Studium dadurch sehr viel mehr Spaß gemacht. Ich habe viele neue Freunde gewonnen und jede Menge neue Erfahrungen gesammelt. Zugegeben, durch die Teilnahme an Wettbewerben, das Durchführen von spannenden Praktika und intensives Netzwerken verbessern sich zwar nicht automatisch die Prüfungsleistungen und Noten. Aber gerade in einem Fach, in dem die Noten derart im Fokus stehen, geht die Freude an der Umsetzung des Wissens oft verloren. So wäre es wohl auch bei mir gewesen, wenn ich mich nicht immerzu in die „Praxis" gestürzt hätte und meinen Interessen nachgegangen wäre. Und das praktische juristische Arbeiten, egal in welchem Rahmen, kann immer einen positiven Einfluss auf die Studienleistung haben. Ob nun durch die Entwicklung der eigenen Arbeitsweise, den Zugewinn an Wissen oder das tägliche Auseinandersetzen mit rechtlichen Fragestellungen – nichts anderes ist ja auch das Studium selbst. Vor allem aber schafft es neuen Antrieb zum Durchhalten, was in unserem Fach freilich nicht zu unterschätzen ist. Es kann besonders diejenigen motivieren, die sich oft fragen, wofür sie das eigentlich gerade alles machen. Und lernen mit einem Ziel vor Augen ist meiner Erfahrung nach immer besser als ohne – und sei das Tagesziel für den Moment auch nur das Feierabendkaltgetränk mit seinen Freunden.

Viele Wege führen zum Ziel

Oliver Köhler (Rechtsanwalt bei Allen & Overy LLP; Erstes Juristisches Staatsexamen 2013) und Simon Kirschner (Rechtsanwalt und Doktorand bei Allen & Overy LLP; Erstes Juristisches Staatsexamen 2017)

Gibt es ein Geheimrezept, quasi den ultimativen „Lifehack", um in der Ersten Juristischen Prüfung erfolgreich zu sein? Mit dieser Frage im Hinterkopf haben wir unsere Studienverläufe nach Gemeinsamkeiten und Unterschieden analysiert. Dabei fanden wir – neben ein paar kleineren Lifehacks – tatsächlich auch das Geheimrezept für ein erfolgreiches Studium.

Aufgewachsen in einer Familie ohne juristische Vorprägung war Simon gegen Ende seiner schulischen Laufbahn relativ schnell klar, dass er nicht in die Fußstapfen seines Vaters, eines Ingenieurs, treten möchte. Ein konkreter Studienwunsch hatte sich trotz vielseitiger Interessen in der Abiturzeit nie wirklich herauskristallisiert. Beeindruckt von den Berufsmöglichkeiten, die ein Jurastudium anscheinend zu bieten hatte, entschied er sich dafür – ohne eine Ahnung zu haben, was da auf ihn zukommt.

Oliver hingegen hatte bereits als kleines Kind die Arbeit seines Vaters als Rechtsanwalt begeistert. So war es für ihn schon vor dem Abitur klar, dass er gern Jura studieren möchte. Im Studium geriet das Berufsziel des Rechtsanwalts dann zwar immer wieder aus dem Fokus, boten sich als Jurist doch scheinbar unbegrenzte Möglichkeiten. Gerade diese Flexibilität war für Oliver auch immer wieder eine Motivation im Studium.

Schnell lernten wir zu Beginn des Studiums die ungewohnte juristische Notenverteilung kennen. An der Universität war außerdem anfangs öfters zu hören, dass ohnehin nur jeder zweite Kommilitone das Examen abschließen werde. Gleichzeitig waren wir natürlich hoch motiviert, sofort loszulegen und alles richtig zu machen, um gut durch das Studium zu kommen.

Lifehack #1: Keine Bücher kaufen

Die erste Reaktion war bei uns beiden, dass wir uns im ersten Semester eine Vielzahl von Lehrbüchern, Skripten und sonstigen Lernmaterialien zugelegt haben. In einigen dieser Bücher haben wir jedoch keine einzige Seite gelesen. Als es dann nämlich ans Examen ging, waren die Bücher ohnehin veraltet. Zudem macht es auch wenig Spaß, neben Schönfelder, Sartorius und Landesgesetzen auch noch Lehrbücher mit in die Bibliothek zu transportieren. In jeder Universität gibt es eine gute Bibliothek mit allem, was man braucht, um sich auf das Studium vorzubereiten. Am Ende des Studiums nimmt man daher doch die Bücher aus der Bibliothek. Dies hat außerdem den großen psychologischen Vorteil, dass man den Lernstoff abends nicht „mit nach Hause“ nimmt.

Auch im ersten Semester gab es übrigens bereits Kommilitonen, die sich vom ersten Tag des Studiums an nach jeder Vorlesung in die Bibliothek begaben, fleißig ihr Programm abspulten und die diversen Lehrbücher sorgfältig durcharbeiteten. Ein solches Lernverhalten war uns beiden eher fremd. In der Schule waren wir mit wenig Lernaufwand gut durchgekommen. Zuerst verunsicherten uns diese fleißigen Studenten und erzeugten bei uns ein schlechtes Gewissen.

Lifehack #2: Studium generale

Glücklicherweise wissen wir heute, dass stundenlanges monotones Lernen nicht der einzige Weg zum erfolgreichen Studium ist. Im Gegenteil: Einige dieser fleißigen Bienen haben das Studium leider nicht durchgehalten, sind im letzten Anlauf durch das Examen gefallen oder einfach keine guten Juristen geworden. Das Recht behandelt eben keine fiktiven Probleme, sondern lebt von und mit der Realität. Hier hat uns beiden unser vielseitiges Interesse extrem geholfen. Durch die Beschäftigung mit allgemeinen wie tagesaktuellen Themen wird das Grundverständnis für die gesellschaftlichen, wirtschaftlichen oder tatsächlichen Probleme, die den juristischen Sachverhalten zu Grunde liegen, gefördert und ein gutes Judiz entwickelt. Natürlich wird es einem bei der Prüfung des §315c StGB in der Examensklausur nur wenig helfen, wenn man einmal bei Wikipedia ausgiebig nachgelesen hat, wie ein Automobil funktioniert – dennoch hilft ein Blick über den Tellerrand auch bei der kreativen Lösung einer Klausur. Oft ist man mit juristischen Problemen konfrontiert, die man nicht gelernt hat. Gerade hier haben gute Juristen die Chance, sich mit einer sauberen Argumentation anhand des Telos der einschlägigen Normen von der Masse abzusetzen. Der Sinn und Zweck unbekannter Normen kann meist aber nur dann hergeleitet werden, wenn man schon mal über den Tellerrand der juristischen Literatur hinausgeblickt hat.

Lifehack #3: Weniger ist mehr

Gerade in der Examenszeit muss eine erhebliche Menge an Lernstoff irgendwie in den Kopf hinein. Das braucht Zeit und passiert nicht von alleine. Die Art und Weise, wie wir beide uns das juristische Wissen angeeignet haben, war sehr unterschiedlich. Es gibt nicht den „einen“ erfolgreichen Weg. Simon war ein großer Freund selbst geschriebener Karteikarten, Oliver ist mit bloßem Lesen erfolgreich durch das

Examen gekommen. Die Methode ist zweitrangig, viel wichtiger ist die Effektivität des Lernens. Hierbei hatte Simon anscheinend eine bessere Methode als Oliver – der eigentlich gar keine Methode hatte, sondern eben in der Bibliothek war (oder auch nicht) und juristische Schriften las (oder auch nicht). Man kann viel Zeit in der Bibliothek verbringen, aber effektiv lernen kann man dort nur eine begrenzte Zeit. Simon teilte sich den Tag daher in feste Abschnitte ein und nutzte diese Lernphasen möglichst ohne Ablenkungen. Das Smartphone lag dabei im Schrank. Auf Gespräche mit Freunden und Kommilitonen hat Simon keineswegs verzichtet, dafür aber eben eine feste Kaffeepause eingeplant, die ruhig mal eine halbe Stunde dauern durfte. Hochgerechnet verbrachte Simon damit zwar weniger Zeit in der Bibliothek als Oliver, gelernt hat er aber im Zweifel sogar mehr. Wenn Oliver eine Sache im Studium anders machen würde, dann würde er diese Arbeitsweise von Simon übernehmen. Was Oliver aber beibehalten würde, ist seine „freie" Art des Lernens, bei der man sich nicht zu sehr von detaillierten Lernplänen verunsichern lässt. Dadurch bleibt dann auch neben einem umfangreichen Studium Zeit für vergnügliche Unternehmungen. Gerade während der intensiven Vorbereitung auf das Examen haben wir beide die Dinge, die uns wichtig waren und Freude bereiten, nicht vernachlässigt. Momente – oder gar Tage – in denen man sich nicht mit dem Examen beschäftigt, sind wichtig, um mit einem klaren Kopf in die Prüfung zu gehen. Nach einem freien Wochenende – idealerweise nach geschriebener Klausur am Samstagvormittag – war die Motivation am Montag immer deutlich höher.

Lifehack #4: Zieh Dein Ding durch

Je mehr wir aber über die Gemeinsamkeiten und Unterschiede auf unserem Studienweg nachdachten, desto mehr wurde uns klar, dass es nicht den einen Weg zum erfolgreichen

Jurastudium gibt. In der Stresssituation des Examens bewahrt derjenige einen kühlen Kopf, der selbstbewusst und mit scharfem Verstand zur Tat schreitet. Und so kommen wir zu einem scheinbar absurden Ergebnis: Das Geheimrezept ist, dass es keins gibt.

Auf dem Regenbogen zum Erfolg

Dr. Christoph P. von Laufenberg (Rechtsanwalt bei Latham & Watkins; Erstes Juristisches Staatsexamen 2014)

Ich möchte meinen Beitrag mit der Frage beginnen, wie ich zur Autorenschaft in diesem Buch gekommen bin – auf das Wesentliche heruntergebrochen also: Wie war mein Weg zum und durch das Jurastudium? Schon als Schüler habe ich mir in den Kopf gesetzt, Jura zu studieren. Einen „echten" Grund gab es vermutlich nicht, ich hatte mir die Sache einfach zu einem bestimmten Zeitpunkt in den Kopf gesetzt und bin dabeigeblieben. Ausschließen kann ich jedenfalls eine familiäre „Vorbelastung" oder jegliche Form von medialer Beeinflussung. Den Typ erfolgreichen Anwalt à la Harvey Specter gab es zu dieser Zeit noch nicht. Nicht unerwähnt möchte ich an dieser Stelle noch die warnenden Worte einer Bekannten lassen – ihres Zeichens ehemalige Richterin am Oberlandesgericht Stuttgart –, die mir eindringlich riet, einen großen Bogen um die Rechtswissenschaft zu machen.

Einige Jahre später war es dann so weit und entgegen aller guten Ratschläge saß ich in der ersten Vorlesung. Schnell stellte ich im Gegensatz zur Schulzeit fest, dass der Lernstoff nicht „endlich" ist. Vielmehr gab es unendlich viele Argumente, Konstellationen und Entscheidungen zu lernen. Deshalb machte ich mir frühzeitig Gedanken darüber, wie ich das einzige „individuelle" Hilfsmittel in Klausuren – die Sachverhaltsangabe – bestmöglich nutzen könnte. Anfangs noch recht rudimentär entwickelte ich über die Jahre ein buntes „Unterstreichungssystem“. Dieses half mir, den Klausursachverhalt schnell und gezielt zu erfassen und, in den noch „frischen“ Minuten einer Klausur, alle Informationen mit dem ersten Lesen richtig zu verorten.

Wie sah dieses System nun konkret aus? Vor dem Beginn jeder Klausur legte ich mir meine farbigen Marker zurecht (zumeist in den Farben des Regenbogens: Rot, Orange, Gelb und Grün). Während die Sachverhalte ausgeteilt wurden, öffnete ich die Stifte, um zum Startschuss sofort einsatzbereit zu sein.

Sobald es losging, fing ich an, die Klausurangabe in ein buntes Kunstwerk zu verwandeln. Der gelbe Marker wurde für allgemeine Informationen verwendet, also beispielsweise Informationen über die Kaufsache, die Beschreibungen eines Mangels oder die Aufforderung eines Polizisten, einen bestimmten Ort zu verlassen.

In der Farbe Grün markierte ich alle Zahlen und Daten, also etwa das Datum einer Auflassung, das Sterbedatum des Erblassers oder auch den Tag des Zugangs eines Bescheids. In Strafrechtsklausuren kam der Farbe eine weitere Bedeutung zu: Mit ihr markierte ich jede Handlung der Täter, da an diese letztlich die strafrechtliche Bewertung anzuknüpfen hatte. Wenn also Täter T einen Supermarkt betrat, eine Ware in seinen Rucksack steckte und beim Verlassen des Supermarkts den Ladendetektiv umstieß, markierte ich die Worte „betrat“, „steckte“ und „stieß“ in Grün.

Orange war meine Farbe für alles Subjektive, also bestimmte Absichten und Motive, und war damit insbesondere in Strafrechtsklausuren wichtig. Aber auch die Frage, wieso der Käufer eine bestimmte Sache erwarb, die Motive für das Einschalten einer Partnervermittlung (meine Examensklausur 2014) oder, welche Erwägungen bei einer Gesellschaftsgründung im Vordergrund standen, markierte ich in Orange.

Am wenigsten kam die Farbe Rot zum Einsatz. Sie war für die wichtigsten Angaben im Sachverhalt reserviert, insbesondere Ergebnisse, Erfolge und Konsequenzen. Passenderweise verwendete ich sie zum ersten Mal, um im Sachverhalt zu markieren, dass das „Opfer O seinen Verletzungen erlag und starb" – der Tod des Opfers wurde also rot markiert. Ebenfalls rot markierte ich die Information, dass eine bestimmte Kaufsache „vollständig zerstört" wurde und – ganz wichtig – stets die relevanten Teile des Bearbeitervermerks.

Allgemein versuchte ich eher nach dem Prinzip „weniger ist mehr" zu markieren, denn wie man sich vorstellen kann, wurden meine Sachverhalte ohnehin schon recht bunt. Neben diesem „Regenbogen-System" markierte ich die im Sachverhalt vorkommenden Personen mit unterschiedlichen Symbolen. Die erste auftretende Person A erhielt einen kleinen Kreis um den Anfangsbuchstaben – und dies fortlaufend im weiteren Text. Die zweite Person B bekam ein Dreieck, C ein Viereck usw. Zudem vermerkte ich mir alle Daten auf einem separaten Papier als Tabelle und strich sie ab, nachdem ich sie in meiner Lösung untergebracht hatte. Natürlich schrieb ich mir während der Klausur auch sämtliche auftretenden juristischen Probleme in Stichworten auf ein Extrablatt und hakte sie ab, sobald sie ihren Eingang in meine Lösung gefunden hatten.

Ebenso ging ich am Ende der Bearbeitungszeit, soweit es diese zuließ, nochmal den gesamten Sachverhalt durch und hakte meine Markierungen ab. So konnte ich sicherstellen, dass ich auch wirklich alle Informationen verwendet hatte.

Was hatte diese künstlerische Veredelung meiner Sachverhaltsangabe nun für einen Mehrwert? Was für mich ganz wichtig war: Das System zwang mich zu einem bewussten Lesen des Sachverhalts – ich musste mir schließlich bei jedem Wort die Frage stellen, ob und in welcher Farbe ich es markieren sollte. Dies half mir, den Fokus zu wahren, im

„Hier und Jetzt" zu bleiben und nicht mit meinen Gedanken abzudriften („Genau diese Konstellation kenne ich ja schon ..."). Zudem half mir das System, alle vorhandenen Informationen sofort in die juristische Sprache zu übersetzen und mir zu überlegen, an welcher Stelle ich sie in der Klausurlösung brauchen würde.

Die Markierung der Personen half mir, eine klare Unterscheidung zwischen den Personen zu treffen und beizubehalten. Nichts ist ärgerlicher, als nach einer anstrengenden Klausur festzustellen, dass man einen oder mehrere Protagonisten vertauscht hat. Gleiches gilt – insbesondere bei längeren Sachverhalten – wenn Informationen miteinander verschwimmen und im Eifer des Gefechts nicht mehr klar differenziert werden. Ein weiterer Vorteil des Farbsystems war für mich die schnelle Auffindbarkeit relevanter Informationen. Gerade am Ende der Bearbeitungszeit half es zu wissen, nach welcher Farbe man suchen muss, um dann schnell und gezielt eine entsprechende Passage auffinden zu können.

Zuletzt möchte ich noch den Vorteil hervorheben, den eine Routine mit sich bringt. All diejenigen, die bereits ein Examen hinter sich gebracht haben, wissen, (spätestens) zu Beginn der ersten Examensklausur ist der Puls am Anschlag und die eigene Nervosität (und die der anderen) ist förmlich greifbar. In einer solchen Situation hat es mir geholfen, eine bewusste und ausführliche Routine zu haben, die das Stresslevel in den ersten Minuten der Bearbeitungszeit spürbar mindert und gleichzeitig sicherstellt, dass ich trotz Nervosität nichts übersehe. Persönlich habe ich sehr von dem System profitiert, da ich so jedenfalls die „dümmsten" Fehler ausschließen konnte, nämlich Sachverhaltsangaben zu verdrehen, zu vergessen oder Personen zu verwechseln.

Harvey Specter bin ich – Regenbogen hin oder her – nicht geworden. Auch sein Associate Mike, der wahrscheinlich nur müde über meine kunterbunten Klausurangaben lachen würde, hätte mir noch einiges voraus. Allerdings half mir das System, einen guten Start in die Klausur zu finden, den Sachverhalt genau zu analysieren und Verwechslungen vorzubeugen – und führte damit letztlich zu zwei erfolgreichen Examina. Wie heißt es doch so schön: „Das Glück liegt am Ende des Regenbogens."

Ich schaff' das schon

Julia Sophia Leinauer (Doktorandin und wissenschaftliche Mitarbeiterin bei Baker & McKenzie Partnerschaft von Rechtsanwälten und Steuerberatern mbB; Erstes Juristisches Staatsexamen 2017)

Jura zu studieren war schon immer mein Traum. Woher dieser Wunsch, den ich bereits als Kind hegte, stammte, kann ich tatsächlich nicht einmal sagen. Ich komme aus einer Nichtakademikerfamilie vom Land und kannte damals keinen Juristen, der mir hätte sagen können, was mir in der Zukunft noch bevorstehen würde. Das hätte mir aber sicherlich mein Leben und meine Studienzeit deutlich erleichtert. Denn rückblickend betrachtet würde ich heute so manches anders machen. Bekanntlich ist man allerdings immer erst im Nachhinein schlauer.

Voller Ehrgeiz und hoch motiviert startete ich also mein Jurastudium. Die Vorlesungen besuchte ich fleißig – jedoch als stille Teilnehmerin. Gerade in den ersten Semestern fühlte ich mich unter den doch zahlreich vertretenen Juristenkindern, die alle in meinen Augen so schlaue Dinge in den Vorlesungen sagten, oft wie ein ahnungsloser „Muggle". Aus Angst vor Fehlern und der vermeintlichen Peinlichkeit, wenn ich etwas nicht wüsste, beteiligte ich mich daher nie aktiv. Ähnlich erging es mir auch mit den Arbeitsgemeinschaften, die ich sehr schnell nur noch sporadisch besuchte. Mein Gedanke war: Wie soll ich denn Fälle lösen, wenn ich doch noch gar nichts weiß?

Um diesen Mangel an Wissen zu beheben, kaufte ich mir stattdessen gefühlt alle Lehrbücher, die von den Professoren angepriesen wurden, und arbeitete die einzelnen Rechtsgebiete mittels nahezu wortwörtlicher „Zusammenfassungen“ mühsam durch. Beim Lesen habe ich übereifrig mit unterschiedlich farbigen Textmarkern alles markiert, was mir wichtig erschien. Mein Lehrbuch für BGB AT nannte mein damaliger Freund daher liebevoll mein „Malbuch“. Jede einzelne Seite erstrahlte in den buntesten Farben und es gab nahezu kein Wort, das nicht markiert war. Denn für mich schien auch alles wirklich gleichermaßen wichtig zu sein. Schwerpunktsetzung kannte ich nicht. Ich wollte alles wissen und alles können.

Mit dieser Methode kann ich nichts falsch machen, dachte ich mir. Wenn ich die Theorie kann, dann kann ich auch Fälle lösen. Der Gedankengang ging aber nicht so ganz auf. Die Klausuren fielen mir ziemlich schwer. Letztlich hatte ich zwar dieses ganze Wissen und die Theorie intus, aber aufgrund der mangelnden Fallpraxis wusste ich nicht, an welchen Stellen der Klausur ich das schließlich verorten sollte. Im Ergebnis bestand ich zwar alle Klausuren, allerdings nur mit mittelmäßigen Noten. Bei der Klausurrückgabe war ich wahnsinnig enttäuscht und frustriert. Ich hatte so viel gelernt und dennoch spiegelte sich der Aufwand nicht in meinen Noten wider. Das war ich nicht gewohnt. Meine gesamte Schulzeit über erzielte ich trotz geringen Aufwands in allen Fächern beständig sehr gute Noten. Ich zweifelte sehr an mir. Wie konnte das sein? War Jura vielleicht nichts für mich?

Nach meiner damaligen Einschätzung hatte ich einfach zu wenig gelernt. Daher lernte ich im nächsten Semester noch mehr und saß teilweise am Tag 10 Stunden und länger in der Bibliothek und in Vorlesungen. Freizeit gönnte ich mir selten, denn ich musste ja lernen. Mein Antrieb war, dass sich irgendwann mein Fleiß schon auszahlen wird. Das tat er aber leider nicht. Wie im ersten Semester auch bestand ich alle Klausuren mit mittelmäßigen Noten. Klar, bestanden ist bestanden. Aber für jemanden, der bis zum Studium gewöhnt war, sowohl in der Schule als auch im Leistungssport (Eiskunstlauf) immer zu den Besten zu gehören, war diese Mittelmäßigkeit ein herber Rückschlag. Ich war genervt.

Von Jura an sich war ich zwar weiterhin vollauf begeistert. Allerdings hatte ich schlichtweg keine Lust mehr, so viel zu lernen, wenn es meiner Meinung nach offensichtlich sowieso nichts brachte. Deswegen überlegte ich mir, was ich damals zu Schulzeiten anders gemacht hatte und versuchte, dies – soweit es möglich war – auf meine Situation im Studium zu übertragen. Für mich hieß es fortan „back to the roots". Das nächste Semester ging ich daher vollkommen anders an.

Zunächst genehmigte ich mir deutlich mehr Freizeit. Ich betrieb wieder regelmäßig meinen früheren Leistungssport (aber natürlich nicht mehr in dieser Intensität) und nahm sogar an Wettkämpfen während des Semesters teil. Zusätzlich fing ich ein neues Hobby, das Standardtanzen, an. In der Konsequenz hatte ich also überhaupt nicht mehr die Zeit, stundenlang am Tag über Büchern zu hängen. Stattdessen hatte ich wieder einen Ausgleich gefunden, der mir unbewusst so sehr gefehlt hatte. Wenn ich trainierte, gab es in diesen Momenten nur mich und meine Kufen, wie sie über das Eis glitten. Meine volle Aufmerksamkeit war darauf gerichtet. Es bestand insofern keine Möglichkeit, gedanklich zu den vielen Meinungsstreitigkeiten oder all dem, was ich noch nicht gelernt hatte, abzuschweifen. Dadurch konnte ich in dieser Zeit komplett von Jura abschalten. Und das war gut, aber auch notwendig. Da ich im Ergebnis weniger Lernzeit hatte, war ich motivierter und nutzte diese Zeit wesentlich effektiver. Denn wenn man mal ganz ehrlich ist, kann niemand 8 Stunden und mehr wirklich konzentriert lernen.

Als Nächstes sah ich – zugegebenermaßen in Anbetracht meines Perfektionismus etwas widerwillig – ein, dass es angesichts der Stofffülle faktisch unmöglich ist, alles und jedes Problem bis ins kleinste Detail zu beherrschen. Die Devise lautete daher: Basics, Basics, Basics. Anstatt Lehrbücher zu verschlingen und mich in Einzelheiten zu verlieren, lernte ich überwiegend mit den Fällen aus den Arbeitsgemeinschaften. Dabei legte ich für meine Nacharbeit zwei Schulhefte an: In dem ersten arbeitete ich mir eigenständig aus den einzelnen Fällen Schemata für verschiedene Anspruchsgrundlagen heraus. Selbstverständlich hätte ich das auch einfach aus einem Lehrbuch abschreiben können. Durch das Herausarbeiten anhand verschiedener Fälle waren meine Schemata aber weniger starr und deutlich flexibler. Außerdem musste ich mir stets überlegen, was und warum das an einer bestimmten Stelle zu prüfen ist. In das andere Schulheft schrieb ich die Probleme, auf die ich im Rahmen der einzelnen Fälle traf, so kurz und knapp wie möglich mit meinen eigenen Worten nieder. Letztlich mag meiner dadurch entstandenen, wild durcheinander gewürfelten Problemsammlung zwar die Struktur gefehlt haben und ich musste beim Wiederholen meiner Unterlagen jedes Mal aufs Neue darüber nachdenken, in welchem Zusammenhang das jeweilige Problem auftreten könnte. Ganz ohne es zu merken, lernte ich allerdings auf diese Weise deutlich mehr als in den Zeiten, in denen ich nur stumpf und gedankenlos Schemata und Meinungsstreitigkeiten aus Lehrbüchern auswendig gelernt hatte. Daher fühlte ich mich, obwohl ich in diesem gesamten Semester kein einziges Lehrbuch gelesen hatte und wesentlich weniger Lernzeit hatte, tatsächlich gut vorbereitet – ein Jahr zuvor wäre das für mich noch unvorstellbar gewesen.

Meine nächste Lektion lernte ich am Tag der Klausur und in den darauffolgenden Wochen. Anders als in den vorherigen Semestern brach während der Klausur ausnahmsweise keine Panik bei mir aus. Durch meine neue Lernmethode wusste ich recht schnell, wie ich meine Klausur aufbauen und die Falllösung gliedern wollte. Allerdings hatte ich damals einen neuen Feind: die Zeit. Als die Prüfungsaufsicht mitteilte, wir hätten noch zehn Minuten, wurde ich gerade mit dem ersten Teil des Falls fertig – die Abwandlung fehlte jedoch noch komplett! Dementsprechend war ich bei der Abgabe mit meiner Leistung nicht zufrieden. Mein Missmut wurde sogar noch größer, als ich nach der Klausur ein paar meiner Kommilitonen traf, die sich unbedingt über die Klausur unterhalten wollten. Dabei stellte sich nämlich heraus, dass ich die Klausur als Einzige ganz anders gelöst hatte. Und meine Lösung war meinen Kommilitonen völlig unverständlich. Zweifel kamen also bei mir auf. Wenn alle außer mir die Klausur auf eine andere Weise bearbeitet hatten, kann meine Falllösung unmöglich richtig sein. Nach dem Gespräch war ich mir sicher, durchgefallen zu sein. Die gesamte vorlesungsfreie Zeit bereitete ich mich daher prophylaktisch auf die Nachholklausur vor. Doch als es das Klausurergebnis gab, traute ich meinen eigenen Augen nicht: Meine Klausur zählte zu den beiden besten des Jahrgangs. Die ganzen Sorgen, die mich seit dem Gespräch mit meinen Kommilitonen plagten, waren vollkommen unnötig gewesen. In diesem Moment sammelte ich eine wichtige Erfahrung: Nur weil alle etwas machen, muss es nicht richtig sein. Ab diesem Tag stand ich immer zu meiner Meinung und vor allem ließ ich mich nicht mehr durch andere verrückt machen.

Insbesondere in der Examensvorbereitung konnte ich irgendwann mein Zimmer mit seinen vollen Bücherregalen, die mich ständig (auch nachts) mahnend ans Lernen erinnerten, nicht mehr sehen. Um dem zu entgehen, wurde ich ein Freund von räumlicher Trennung und unterschiedlichen Lernorten. Damit meine ich nicht, dass ich manchmal am Schreibtisch und manchmal in der Bibliothek gelernt habe. Vielmehr habe ich gewisse Themen an verschiedenen Orten gelernt. So beschäftigte ich mich beispielsweise mit dem Öffentlichen Recht im Sommer auf dem Balkon, die zivilrechtlichen Nebengebiete erarbeitete ich mir in der Küche und strafrechtliche Streitstände wiederholte ich bei meiner Oma. Dadurch ordnete ich quasi jedem Themengebiet einen Raum zu. Das hatte den Vorteil, dass ich mich während der Examensklausur einfach gedanklich an den jeweiligen Ort begeben und das entsprechende Wissen abrufen konnte. Durch diesen Trick fühlte ich mich im Prüfungssaal unter 150 weiteren nervösen Examenskandidaten wohler und entspannter. Denn in meinen Gedanken war ich allein im heimeligen Wohnzimmer.

Generell versuchte ich, mich dem ganzen Trubel zu entziehen und mich nur auf mich selbst zu konzentrieren. Aus diesem Grund entschied ich mich dazu, mich zwei Wochen vor dem schriftlichen Examen und in der Examenswoche sozusagen von der Welt abzuschotten. Ein entscheidender Faktor dabei war, mein Smartphone und besonders Social Media nicht zu nutzen. Mein Smartphone schaltete ich aus und ließ es bis nach der letzten Examensklausur vor mir verstecken. So konnte ich als kleiner Handyjunkie nicht in die Versuchung kommen, mich durch irgendetwas ablenken oder verwirren zu lassen. Einsam war ich trotzdem nicht. Für meine Freunde war ich weiterhin erreichbar – ganz altmodisch über das Festnetztelefon.

Zudem hatte ich bereits vor der Durchführung meines Vorhabens eine Party für den Abend der letzten schriftlichen Examensklausur geplant, um das Ende meiner selbst auferlegten Isolation zu feiern und meine Freunde wiederzusehen. So konnte ich mich auf etwas außerhalb des Examens freuen. Diesen Kniff machte ich mir nicht nur in der Examensvorbereitung, sondern bereits im Studium zu Nutze. Dazu brach ich meinen Lernplan auf klar definierte Zwischenziele herunter, für die ich mich mit Kleinigkeiten fernab von Jura belohnte. Beispielsweise verabredete ich mich für das Wochenende mit Freunden zu einem Kinobesuch. Allerdings stellte ich das Treffen unter die Bedingung, bis dahin die Fälle zum gutgläubigen Zweiterwerb der Hypothek gelöst und verstanden zu haben. Dadurch machte ich mir selbst Druck und spornte mich zugleich an. Denn einerseits wollte ich den Film unbedingt sehen und andererseits wollte ich mich nicht vor meinen Freunden blamieren, wenn ich die Verabredung hätte absagen müssen. Das war aber kein einziges Mal nötig. Weil ich meine mir selbst in Aussicht gestellten „externen Belohnungen" so sehr haben wollte, schaffte ich es immer, meine Zwischenziele zu erreichen.

Schließlich hatte ich in der Examenswoche eine fest umrissene Routine mit kleinen Ritualen. Damit ich nicht jeden Morgen zwei Stunden mit öffentlichen Verkehrsmitteln pendeln musste, hatte sich mein Vater für diese Zeit extra Urlaub genommen und mich jeden Tag zum Prüfungsort gefahren und wieder abgeholt. Auf der Hinfahrt haben wir jedes Mal beim Bäcker gehalten und mir eine Butterbreze gekauft, die ich dann während der Gliederung der Klausuren aß. Auch das Abholen lief jeden Tag gleich ab: Mein Vater fragte mich, wie es war; ich antwortete „nicht so toll"; er entgegnete, ich solle mir nicht so viele Gedanken machen und es wäre bestimmt besser gelaufen, als ich dachte (was letztlich auch der Wahrheit entsprach). Den Rest der Fahrt verbrachten wir meist schweigend. Nachmittags ging ich ausgiebig mit meinem Hund an der frischen Luft spazieren, um etwas Bewegung und einen klaren Kopf zu bekommen. Abends hatte ich jedoch stets das Gefühl, nichts mehr zu wissen und blätterte panisch durch meine Unterlagen. In solchen Momenten beruhigte mich meine Mutter, die mich daran erinnerte, dass ich es bereits bis dahin geschafft hatte und auch das Examen schaffen werde. Für mich persönlich war dieser Rückhalt in meiner Familie von unschätzbarem Wert und definitiv ein Eckpfeiler meines erfolgreichen Examens.

Alles in allem ist Jura noch immer meine große Leidenschaft und ich würde, wäre ich erneut vor die Wahl gestellt, das Studium jederzeit wieder mit Freude beginnen. Rückblickend gibt es den richtigen oder perfekten Weg dafür aber nicht.

Was für mich gut funktioniert hat, mag einem anderen möglicherweise überhaupt nichts bringen. Letztlich muss jeder seinen eigenen Weg finden. Dabei ist es ganz normal, dass es Tage geben wird, an denen es – aus welchen Gründen auch immer – womöglich mal nicht so läuft, wie man sich das vorgestellt hat. Entscheidend ist nur, sich nicht herunterziehen zu lassen, wenn man mal scheitert. Denn aus Fehlern lernt man. Heute würde ich mir daher an der einen oder anderen Stelle deutlich weniger Gedanken machen und nicht so sehr an mir zweifeln. Auch Laufen musste man als Kind erst lernen – und da hat sich niemand gedacht „ich werde das nie können", nur weil die ersten Schritte etwas wacklig waren. Vielleicht sollte man in diesem Sinne einfach mal öfter an das Kinderlied von Rolf Zuckowski denken: „Ich schaff' das schon!"

Ausdauer

Maxi Ludwig (Rechtsanwältin bei Hengeler Mueller – Partnerschaft von Rechtsanwälten mbB; Erstes Juristisches Staatsexamen 2016)

Ich weiß noch genau, wie man sich zu Beginn der Examensvorbereitung fühlt. Man steht vor einem riesigen Berg Arbeit, blickt hoch und fragt sich: „Wie soll ich das jemals alles schaffen?“ Nach dem ersten Schock gelangt man recht schnell zu der Erkenntnis, dass die Examensvorbereitung ein Marathon ist und kein Sprint. Man braucht also vor allem eins: Ausdauer.

Um dauerhaft ein gewisses Lernpensum durchzuhalten und den Berg voller Arbeit zu bezwingen, brauchte ich Routine. Während der Schulzeit hat jeder eine gewisse wöchentliche Routine, die größtenteils durch den Stundenplan und Hobbies vorgegeben wird. Diese Routine geht während der ersten Semester des Studiums schnell verloren, da man erst einmal lernen muss, mit den neugewonnenen Freiheiten, wie vorlesungsfreien Tagen, umzugehen. In einem ersten Schritt legte ich daher meine Lernzeiten fest und orientierte mich dabei an einer 40-Stunden-Woche. Die Abende waren immer frei ebenso wie die meisten Wochenenden. Dadurch kam ich in einen guten Rhythmus und konnte mich sofort mit den inhaltlichen Themen beschäftigen. In einem zweiten Schritt erstellte ich mir einen eigenen Stundenplan, der jede Woche die gleichen Abläufe vorsah. Wichtig war mir dabei, die Tage abwechslungsreich zu gestalten. Es gab beispielsweise wenige Tage, an denen ich nur im stillen Kämmerchen saß und lernte. Die Vormittage waren für das Erlernen neuer Themen reserviert, da der Kopf vormittags am frischesten ist. Nach dem Mittagessen stand Repetitorium, Lerngruppe oder Klausurenkurs auf dem Programm. Hätte ich mich nachmittags alleine an meinen Schreibtisch gesetzt, wäre ich längst nicht so produktiv gewesen. Durch die festen Termine am Nachmittag arbeitete ich morgens sehr konzentriert und effizient, um mit dem Stoff durchzukommen.

Zu Beginn der Vorbereitung eignete ich mir einen weiteren Hack an. Jeden Morgen nach dem Aufstehen wiederholte ich 30 Minuten lang Karteikarten nach einem rollierenden System und startete mit den Themen, die ich am Tag zuvor gelernt hatte. Nur durch regelmäßige Wiederholung konnte ich die Masse an Stoff im Kopf behalten. Meine Lernunterlagen, wie Karteikarten, habe ich größtenteils selber geschrieben oder vorgedruckte Prüfungsschemata ergänzt. Wichtig war mir, immer mit den gleichen Lernunterlagen zu arbeiten und nicht ständig neue Unterlagen auszuprobieren. So hatte ich eine Orientierung und mein inneres Auge wusste, auf welcher Karteikarte und in welcher Ecke die Informationen zu finden waren.

Ein weiteres wichtiges Thema, welches viele meiner Meinung nach unterschätzen, ist Schlaf. Während der Examensvorbereitung bekommt das Gehirn kontinuierlich neues Futter, das verarbeitet werden muss. Frisch Gelerntes kann der Kopf aber nur dauerhaft abspeichern, wenn er ausreichend Schlaf bekommt. Ich habe unter der Woche jede Nacht mindestens acht Stunden geschlafen und manchmal auch nachmittags ein kleines Nickerchen gemacht.

Einer der größten Feinde in der Examensvorbereitung sind Ausreden. Bei uns fand jeden Freitagnachmittag und Samstagmorgen der universitäre Klausurenkurs statt. Nach einem feucht fröhlichen Freitagabend flüchtet man sich Samstagmorgen um acht Uhr, wenn der Wecker klingelt, gerne in die Ausrede: „Jetzt bringt es doch eh nichts, eine Klausur zu schreiben. Ich bin viel zu müde." Diese Ausrede habe ich nicht gelten lassen. Man weiß nicht, wie viel Schlaf man in den Nächten vor den Examensklausuren bekommt. Daher sollte man testen, wie leistungsfähig man unter erschwerten Bedingungen, wie Schlafentzug, ist. Wer unter diesen Bedingungen eine passable Klausur aufs Papier bringt, geht viel entspannter ins Examen.

Meine Lerngruppe war sehr wichtig für die Examensvorbereitung. Wir haben uns zweimal wöchentlich getroffen und jeder hat reihum vor Beginn der Lerngruppe einen Sachverhalt an die anderen geschickt. Während der Lerngruppe haben wir die Klausur besprochen und nur derjenige, der die Klausur rausgesucht hat, kannte die Lösung und hat die Lerngruppe moderiert. Wir waren zu viert und alle zuverlässig, was Grundvoraussetzung für eine funktionierende Lerngruppe ist. Außerdem hatten wir je nach Rechtsgebiet unterschiedliche Niveaus, was insgesamt für jeden eine Bereicherung war. Wer stark in einem Rechtsgebiet ist, profitiert von schwächeren Teilnehmern, da er ihnen Probleme und Strukturen erklären kann. Nur wer das kann, hat die Materie richtig durchdrungen. Die schwächeren Teilnehmer wiederum profitieren von den stärkeren, weil ihnen der Stoff von jemandem erklärt wird, der ihn gerade erst gelernt hat und der weiß, wo es haken könnte.

Mein letzter Hack ist eine gewisse Gelassenheit. In NRW hat man die Möglichkeit abzuschichten. Meine letzte Klausur im Strafrecht sollte eigentlich im Dezember stattfinden und für Ende Dezember hatte ich schon zwei Wochen Urlaub in Asien geplant. Dann wurde ich mit meiner Strafrechtsklausur in den Januar gelost. Meinen Urlaub habe ich nicht abgesagt und während des Urlaubs auch nicht gelernt, obwohl mich zeitweise mein schlechtes Gewissen geplagt hat. Als ich wiederkam, hatte ich noch drei Wochen Zeit, in denen ich den Stoff wiederholt habe. Die Strafrechtsklausur war meine beste Examensklausur. Kurz vor dem Examen ist Urlaub nicht für jeden das Richtige. Ich glaube aber, dass es nicht schaden kann, zwei oder drei Tage, bevor der Examenswahnsinn losgeht, die Lernsachen beiseitezuschieben und sich mit Dingen zu beschäftigen, die einen ablenken und entspannen. So sammelt man die nötige Energie.

Pausen sind genauso wichtig wie die Belastung. Das predigte mir in meiner Jugend schon mein Kanutrainer, der Weltmeister und Olympioniken trainierte. Wenn er nicht weiß, wie man einen (Kanu)-Marathon erfolgreich meistert, wer dann?

Wie man auch mit wenig Wissen schöne Definitionen bildet

Moritz Nickel (Wissenschaftlicher Mitarbeiter in Hamburg; Erstes Juristisches Staatsexamen 2017)

Der Tag der mündlichen Prüfung im ersten Staatsexamen kommt mir im Nachhinein wie ein magisches Datum vor. Er markiert den Stichtag, an dem ich endlich aufhören konnte, Vorbereitungstipps zu empfangen und stattdessen formell legitimiert war, selbst welche zu verteilen. Ob der Stichtag tatsächlich zu einem plötzlichen Zuwachs an Weisheit geführt hat, ist natürlich mehr als zweifelhaft. Umgekehrt glaube ich eher, dass mir einige wesentliche Anforderungen an das Klausurenschreiben und die Examensvorbereitung erst einige Zeit nach dem besagten magischen Datum klar wurden. Und eine solche Erkenntnis möchte ich gerne in diesem kurzen Beitrag teilen.

Mit dem Examen in der Tasche unternahm ich – wie so mancher – erst einmal einen Abstecher in die Wissenschaft und begann, an einem Lehrstuhl zu arbeiten. Damit wurde ich vom Studierenden zum Lehrenden und sah Klausuren zum ersten Mal aus der Perspektive eines Erstellers und Korrektors. Im Zuge dessen musste ich mich immer wieder fragen, was man von einer guten Klausurbearbeiter*in erwarten kann. Sie soll natürlich alle Problemschwerpunkte des Falls erkennen und vertretbar lösen. Außerdem soll sie stets methodengerecht arbeiten und nicht „bullshitten“, sich also im

Falle inhaltlicher Unsicherheiten nicht einfach irgendeinen Quatsch ausdenken. Aufgrund der Fülle des Examensstoffes ist es aber auch bei idealer Vorbereitung vorprogrammiert, dass man sich hin und wieder nicht an eine Definition oder ein bestimmtes Argument erinnert. Das gilt umso mehr, wenn es in der Klausur um Randgebiete geht. Wenn ich korrigiere, erwarte ich eigentlich nur, dass „Allerweltsdefinitionen" wie die der Leistung i. S. d. § 812 Abs. 1 S. 1 Alt. 1 BGB oder die der Urkunde i. S. d. §§ 267 ff. StGB sitzen. An anderen Stellen ist es völlig okay zu improvisieren. Aber wo verläuft die Grenze zwischen gelungener Improvisation und „Gebullshitte"?

Mein Verständnis dieser Abgrenzung möchte ich gerne am Beispiel einer „Dunkelnorm" zeigen: § 613a BGB, der den arbeitsrechtlichen Betriebsübergang regelt. Stark verkürzt sieht § 613a BGB vor, dass beim Übergang eines Betriebs auf einen neuen Inhaber letzterer als neuer Arbeitgeber in bestehende Arbeitsverträge eintritt und den bisherigen Arbeitgeber ersetzt. In Hamburg gehört Individualarbeitsrecht nach der Prüfungsgegenständeverordnung von 2003 zum Examensstoff, soweit es um „Inhalt und Begründung des Arbeitsvertrages" oder „im Überblick [um die] Beendigung des Arbeitsvertrages" geht. Zählt der Wechsel des Arbeitgebers jetzt zu „Inhalt und Begründung des Arbeitsvertrags"? Das weiß niemand ganz genau; ich würde dem hamburgischen Justizprüfungsamt aber zutrauen, die Prüfungsgegenständeverordnung im Zweifel sehr weit auszulegen und auch eine arbeitsrechtliche Spezialvorschrift wie § 613a BGB in eine Klausur einzubauen. Wer sich ordentlich auf das Examen vorbereiten möchte, sollte sich § 613a BGB also zumindest kurz anschauen. Dabei lernt man, dass die Vorschrift als ungeschriebenes Tatbestandsmerkmal einen betriebswahrenden Übergang voraussetzt. Aber schreibt man sich auch eine Karteikarte für den Sieben-Punkte-Katalog, den der EuGH zur Auslegung dieses ungeschriebenen Tatbestandsmerkmals entwickelt hat? Ich habe das damals aus Angst getan, halte es mittlerweile aber für überflüssig und sogar eher für nachteilig. Denn die Zeit, die man aufwendet, um diese lange Karteikarte zu lernen, hätte man auch in eine sinnvollere Vorbereitung investieren können. Sobald man sich dafür entscheidet, etwas Bestimmtes zu lernen, entscheidet man sich zwangsläufig dagegen, die gleiche Zeit für anderweitige Vorbereitung zu nutzen. Man sollte sich also stets fragen, ob man seine Lernzeit sinnvoll einsetzt, weil man davon nicht unendlich viel zur Verfügung hat.

Warum halte ich es nun für wenig zielführend, die EuGH-Rechtsprechung zu § 613a BGB zu lernen? Meiner Ansicht nach lässt sich jede Pflichtfachklausur, in der § 613a BGB relevant wird, auch dann erfolgreich bewältigen, wenn man die Definition nicht kennt. Wenn der Klausurenersteller möchte, dass man das ungeschriebene Tatbestandsmerkmal des identitätswahrenden Übergangs problematisiert, muss der Sachverhalt zwangsläufig Informationen dazu enthalten, in welcher Form und in welchem Umfang der Betrieb auf den Erwerber übergeht. Es kann zum Beispiel davon die Rede sein, dass der Erwerber eines Industriebetriebs plant, ausschließlich die bereits vorhandenen Maschinen zu verwenden, die Produktpalette aber deutlich auszuweiten. Klar ist: Diese Informationen müssen in der Subsumption unter der Voraussetzung „identitätswahrend" auftauchen. Die Definition von „identitätswahrend" muss deshalb auf diese Kriterien zugeschnitten sein. Man bildet also eine Definition, die die im Sachverhalt enthaltenen Informationen abstrahiert. Beispiel: „Ob der Übergang auch identitätswahrend erfolgt, ist im Rahmen einer umfassenden Abwägung aller Umstände des Einzelfalls festzustellen. Dabei kommt es insbesondere darauf an, ob die bisherigen Betriebsmittel vom Erwerber des Betriebs weiterverwendet werden. Außerdem ist zu berücksichtigen, inwiefern sich die produktionstechnische Ausrichtung des Betriebs nach dem Übergang verändert."

Der erste Satz ist eine reine Leerformel, für die man nichts gelernt haben muss. Für die beiden weiteren Sätze habe ich mich schlicht am Sachverhalt orientiert. Auch das geht ohne Detailwissen. Die Definition ist mit Sicherheit nicht perfekt und wurde auf sehr unwissenschaftliche Art und Weise gebildet. Ein Korrektor kann daran aber kaum etwas kritisieren – höchstens, dass man nicht auf das vom EuGH verwendete Schlagwort der „typologischen Gesamtbetrachtung“ gekommen ist. Wichtig ist, dass man überhaupt irgendetwas zur Definition schreibt. Denn das Bilden abstrakter Maßstäbe, unter die im Anschluss subsumiert wird, unterscheidet eine juristische Arbeit vom Besinnungsaufsatz.

Mit dieser Technik der den Sachverhalt abstrahierenden Definition kann man sich zum einen methodengerecht aus Notlagen in der Klausur retten, wenn man sich nicht mehr an die Definition eines unbestimmten Tatbestandsmerkmals erinnert. Man kann sie aber auch dazu verwenden, an manchen Stellen bewusst darauf zu verzichten, umfangreiche Definitionen zu ungeschriebenen Tatbestandsmerkmalen zu lernen. Gut eignen sich dafür unbestimmte Rechtsbegriffe in Nebengebieten, wie eben dem Arbeitsrecht oder manchen Bereichen des besonderen Verwaltungsrechts. Natürlich ist die Methode aber kein Allheilmittel, das einem das Lernen erspart. Bei vielen Definitionen und Begrifflichkeiten wird in der Klausur eben doch eine nahezu wortgetreue Wiedergabe erwartet.

Da ich selbst kein klassisches Repetitorium besucht habe, weiß ich leider nicht, ob die beschriebene Technik wirklich originell oder nur ein alter Rep-Klassiker ist. Mir hat sie zu Studienzeiten niemand verraten. Ich glaube aber, dass sie mir so manche platte Phrase in Übungsklausuren und so manche lange Karteikarte erspart hätte. Auf jeden Fall ist die Technik für mich eine kleine Weisheit aus meiner Zeit als wissenschaftlicher Mitarbeiter, auch wenn sie – ironischerweise – höchst unwissenschaftlich ist. Vielleicht hilft sie ja trotzdem in der Examensvorbereitung.

Vom Suchen und Finden eines eigenen Weges

Dr. Sebastian Pfrang (Rechtsanwalt bei Baker & McKenzie Partnerschaft von Rechtsanwälten und Steuerberatern mbB; Erstes Juristisches Staatsexamen 2015)

Nicht nur jede berufliche Karriere ist einzigartig, auch jedes Jurastudium ist es. Jede und jeder muss hierbei einen eigenen Weg finden und kann sicher nicht alle Lifehacks eines anderen mit dem gleichen Erfolg anwenden, ohne sich dabei – was nie zu empfehlen ist! – so zu „verbiegen", dass Freude und Begeisterung für das gewählte Fach verloren gehen. Um die für den persönlichen Studienweg nützlichen Lifehacks zu finden, hilft es freilich, von möglichst vielen erfolgreich erprobten Hacks Kenntnis zu erhalten. Hierzu soll auch der vorliegende Beitrag mit einem persönlichen Erfahrungsbericht zum Jurastudium einen Anteil leisten.

Grundstudium

Zum Anfang ganz kurz: Sollten Sie in der für die Lektüre dieses Buches komfortablen Position sein, sich zwar für ein Jurastudium entschieden, dieses jedoch noch nicht begonnen zu haben, so ist Ihnen zu raten, sich alles zu den Themen „Wie studiere ich erfolgreich Jura?" (hierzu gehört die Lektüre dieses Buches!), „Wie ist der Studienablauf?" und „Was bedeutet es, am Ende des Studiums ein juristisches Staatsexamen schreiben zu müssen?" durchzulesen. Auch kann es nicht schaden, schon vor Studienbeginn Bücher zur

Anwendung des für Studium und Examen elementaren Gutachtenstils zu lesen. Wer den Gutachtenstil schon zu Beginn des Studiums beherrscht, kann sich mehr auf den materiellen Input im Jurastudium konzentrieren – ein erprobter, nicht zu unterschätzender Vorteil!

Hinsichtlich der ersten Semester im Jurastudium ist Folgendes zu raten: Seien Sie neugierig und nutzen Sie die Freiheiten, die Ihnen das Studienfach bietet! Für mich bedeutete das, die Möglichkeiten wahrzunehmen, die mir der gewählte Studienort Tübingen bot, über den Tellerrand hinauszuschauen und in vielfältiger Weise in das Leben vor Ort einzutauchen. Auch wenn Sie alle Vorlesungen und Arbeitsgemeinschaften besuchen, die Sie laut Studienplan der Universität besuchen sollen, bleibt Ihnen hierfür in der Regel – je nachdem, ob und wieviel Sie nebenher arbeiten – noch reichlich Zeit.

Es ist ratsam, die Vorlesungen und Arbeitsgemeinschaften nachzubereiten (vom Vorbereiten der Vorlesungen und Arbeitsgemeinschaften hielt ich dagegen wenig, da hier die Gefahr bestand, sich falsche oder zumindest unübliche Strukturen einzuprägen und es außerdem herausfordernder war, in der Präsenzveranstaltung selbst erst – ggf. schneller als der gelegentlich schleppend mitgeteilte Gedankengang der Dozentin oder des Dozenten – eine Lösung zu entwickeln), mit einer geschickten Markier- und Kommentierungstechnik lässt sich dies auch zeitlich in den Griff bekommen: Markieren Sie schlichtweg alles, was Sie gelesen haben (natürlich nur, wenn Ihnen das Buch gehört, Sie mit Kopien aus juristischer Literatur arbeiten oder Sie über digitale Markier- und Kommentierungsmöglichkeiten für Ihre Lektüre verfügen!), solange das Gelesene nicht völlig abwegig ist. Fertigen Sie nur im Ausnahmefall selbst einmal etwas auf einem separaten physischen oder digitalen Arbeitsblatt an und schreiben Sie vielmehr alle Ihre Anmerkungen, Übersichten, Merkhilfen etc. direkt in das Dokument, das Sie gerade durcharbeiten. So müssen Sie keine Verweisungen zwischen Ihren Lernunterlagen herstellen, die gegebenenfalls mit wachsender Menge verloren zu gehen drohen, und sehen die selbstgeschriebene Information immer genau an derjenigen Stelle, mithilfe der oder zu deren besserem Verständnis Sie sich diese erschlossen haben.

Hauptstudium

Haben Sie die ersten Semester des Jurastudiums ausgiebig über den Tellerrand geschaut und insbesondere das Leben am gewählten Studienort genossen, so kann der Fall eintreten, dass Sie der Wunsch beschleicht, nochmal an einem anderen Ort zu studieren und dort das Studium zu Ende zu führen. Woran man merkt, dass man an einem anderen Ort „fertigstudieren" sollte? Nun, wenn Sie denken, Sie haben am momentanen Studienort schon alles für Sie Interessante zumindest einmal gesehen (was in einer beschaulichen Stadt wie Tübingen tatsächlich möglich ist!), haben die für Sie interessanten Veranstaltungen besucht und haben Freunde kennengelernt, die Ihnen für das weitere Leben bleiben werden, auch wenn Sie nun den Studienort wechseln, so kann sich unterschwellig der Wunsch entwickeln, nochmal an einem anderen Ort neu anzufangen und dort die finale Phase des Studiums in Angriff zu nehmen. Wenn dem so ist: Machen Sie es! Ziehen Sie den Studienortwechsel durch und lassen Sie sich nicht von dem wohligen Gefühl zurückhalten, dass es doch entspannter wäre, an dem jetzigen Studienort zu bleiben. Gleichzeitig muss Ihnen klar sein: So wie es ein erfolgreiches Jurastudium gibt, so gibt es auch einen erfolgreichen Studienortwechsel. Ein solcher bedarf, soll er nicht völlig vom Zufall abhängen, der Planung.

Wie nun plant man einen erfolgreichen Studienortwechsel? Für mich stand fest, dass ich keine der bisher erbrachten Studienleistungen „verlieren" wollte, d.h. die Anrechnung der Leistungen am neuen Studienort musste gesichert sein.

Ich hatte – abweichend vom Studienplan der Universität – in drei Semestern in Tübingen bereits vier von (in Baden-Württemberg lediglich) sechs Übungsscheinen im Zivil-, Straf- und Öffentlichen Recht absolviert, außerdem die Grundlagen-, Schlüsselqualifikations- und Fremdsprachenscheine, so dass es ärgerlich gewesen wäre, diesen „Vorsprung" zu verlieren. Außerdem hatte ich beschlossen, Arbeitsrecht als Schwerpunkt im Studium zu wählen. Mir war wichtig, dass Arbeitsrecht am neuen Studienort nicht nur angeboten wird, sondern nach Möglichkeit auch – vermittelt z. B. durch die dort lehrenden Professoren – einen guten Ruf hat. Schließlich sollte mir die Stadt gefallen, da ich mich andernfalls wohl doch des Öfteren gedanklich in das idyllische Tübingen als Studienort zurückgewünscht hätte.

Meine Wahl fiel letztlich auf das alle vorgenannte Kriterien erfüllende Heidelberg. Bekanntlich ist der Wohnraum hier, wie in fast allen Universitätsstädten, knapp, und dennoch ein Tipp: Versuchen Sie generell – ob nach einem Studienortwechsel oder an Ihrem angestammten Studienort –, sobald die Examensvorbereitungsphase näher rückt, eine Wohnmöglichkeit möglichst nahe der Universitätsbibliothek zu organisieren. Es muss nicht unbedingt in der Nähe des juristischen Seminars sein, da es bezüglich der Motivation helfen kann, sich beim Lernen auch mit Lernenden anderer Fachrichtungen zu umgeben. Von meiner kleinen Mietwohnung in Heidelberg (direkt unter dem Dach in einem älteren Haus, im Sommer unerträglich heiß und im Winter trotz Heizungsregler im Anschlag sehr kalt) konnte man schlussendlich die Universitätsbibliothek sogar in der Entfernung sehen – ich kann nicht sagen, ob mich das besonders motiviert hat, dorthin zu gehen und zu lernen, geschadet hat es aber jedenfalls nicht.

Bevor die unmittelbare Examensvorbereitung losging, galt es indessen noch, das Hauptstudium zu einem guten Ende zu führen. Motivationsmäßig geholfen hat es mir hier, neben dem parallelen Besuch der Schwerpunktbereichsveranstaltungen zum Arbeits- und (im Heidelberger Arbeitsrechtsschwerpunkt auch zwingend zu belegenden und schlussendlich sogar ziemlich interessanten) Sozialrecht, an einer Vielzahl von Seminarveranstaltungen zu unterschiedlichsten Themen teilzunehmen. „Seminare" sind – jedenfalls in Baden-Württemberg – Veranstaltungen im Jurastudium, bei denen man eine schriftliche Arbeit von etwa 25 – 35 Seiten ausarbeitet und diese sodann den das Seminar leitenden Dozentinnen und Dozenten sowie den Seminarteilnehmerinnen und -teilnehmern in verkürzter Form vorträgt. Die Ausarbeitung einer – für Studienverhältnisse etwas längeren – wissenschaftlichen Arbeit sowie das anschließende Vortragen derselben haben mir Spaß gemacht, und so kam ich letztlich auf vier Seminararbeiten mitsamt Vorträgen zu den reichlich bunt gemischten Themen „Entwicklungslinien: Europäische Grundrechtswertordnung einerseits, Ablösung durch die Schutzpflichtendogmatik andererseits?", „Soziale Verantwortung von Unternehmen (CSR) – Marketinginstrument oder Garant für nachhaltiges Wirtschaften?" (auch noch rechtsvergleichend Deutschland – China! Scheuen Sie sich vor solchen Themen bitte nicht, denn oftmals erhält man dadurch ganz neue Einblicke), „Der Freiwilligkeitsvorbehalt" sowie „Stärkung der Eigenverantwortung und der finanziellen Grundlagen der gesetzlichen Krankenversicherung durch Zuzahlungen? – zu Funktion, Bedeutung und rechtlicher Zulässigkeit von Zuzahlungen".

Examensvorbereitung

Sodann: die Examensvorbereitung! Bei mir fing diese im sechsten Semester an, nachdem ich im fünften Semester alle Scheine und sonstigen Zulassungsvoraussetzungen für das Examen vervollständigt hatte. Ich besuchte im sechsten Semester nun noch alle Juravorlesungen der Universität zu möglichen Examensthemen (lesen Sie auf jeden Fall die einschlägige und aktuelle Prüfungsordnung des jeweiligen Bundeslandes, in welchem Sie studieren!), die ich aus welchen Gründen auch immer zuvor nicht gehört hatte, und besuchte parallel dazu bereits das universitäre Repetitorium. Weil ich das Gefühl hatte, dass dieses Repetitorium etwas zu schleppend vorankam, und vermutlich auch aufgrund des Sicherheitsgedankens „Das machen alle!", besuchte ich ab dem siebten Semester noch ein kommerzielles Repetitorium, freilich ohne das Repetitorium der Universität damit zu vernachlässigen. Insgesamt habe ich in dieser Zeit in unmittelbarer Vorbereitung auf das Examen sicherlich viel gelernt, die meiste Zeit in der Universitätsbibliothek (Lerntage waren Montag bis Freitag ganztägig mit einer Mittagspause und kurzen Kaffeepausen mit Freunden, außerdem an mindestens jedem zweiten Abend – auch wenn es wieder einmal sehr spät geworden ist – Sport und/oder Treffen mit Freunden, sodann Samstag von 8.30 Uhr bis 13.30 Uhr Probeklausur, Samstagnachmittag und Sonntag frei).

Dass mir das Lernen auf das Examen nicht schwerfiel und ich es nur selten als anstrengend empfand, lag – wohl neben der schon erwähnten örtlichen Nähe meiner kleinen Dachwohnung zur Universitätsbibliothek – an Folgendem:

Erstens hatte ich keinen Lernplan, den es abzuarbeiten galt (was Druck bedeutet hätte), sondern ich bin alle Lernmaterialen (Unterlagen des Repetitoriums, Bücher zum Examensstoff (keine Skripten!), sonstige Literatur aus Zeitschriften, Kommentaren oder Handbüchern (dazu gleich noch) und Klausuren) morgens nach dem Aufstehen im Kopf durchgegangen und habe ermittelt, was ich mir schon länger nicht mehr angesehen hatte. So habe ich jeden Morgen kurz den mir schon bekannten Stoff repetiert und habe mir dann an diesem Tag diejenigen Materialen angesehen, die mir morgens in meinem Kopf weniger präsent vorkamen. Verbliebene Lücken bei dem zu lernenden Examensstoff wurden so nach und nach gefüllt und beim werktäglichen morgendlichen Repetieren machte sich zunehmend das angenehme Gefühl breit, über mehr und mehr Examensstoff gut Bescheid zu wissen.

Zweitens habe ich meine Lernstrategie aus dem Grund- und Hauptstudium weitergeführt und beinahe nie separate Aufschriebe auf einem physischen oder digitalen Arbeitsblatt angefertigt. Anmerkungen, Übersichten, Merkhilfen etc. habe ich stets direkt in das Dokument geschrieben, das ich gerade durcharbeitete. Auch habe ich mein ganzes Studium lang bis zum Examen nie eine einzige Karteikarte geschrieben! Das sparte Zeit und ermöglichte mir, die schon verfügbaren Lernmaterialen für das Examen öfter durchzuarbeiten, als es mir mit der zusätzlichen Anfertigung separater Lernunterlagen möglich gewesen wäre.

Drittens habe ich ein System zur Vertiefung der – manchmal veralteten oder unvollständigen – Repetitoriumsunterlagen entwickelt: So habe ich zu jedem Thema, das mir in den Unterlagen veraltet oder unvollständig vorkam, mindestens einen Aufsatz aus einschlägigen Zeitschriften (oder falls ein solcher nicht vorhanden war, eine Kommentar- oder Handbuchstelle) kopiert und diesen sodann durchgearbeitet. Die durchgearbeiteten Blätter habe ich zu meinen Lernunterlagen dazugeheftet bzw. in die dazu passende Buchseite gelegt. Das sieht nicht schön aus und macht die Buchrücken mit der Zeit kaputt, war aber hilfreich, um die gesammelten Informationen immer zusammenhängend im Kopf abspeichern zu können!

Viertens habe ich mich nie an einer Stelle in den durchzuarbeitenden Lernunterlagen lange aufgehalten, sondern habe mir diese, wenn ich sie als schwierig empfand, mit einem Post-it markiert und damit quasi „zur Wiedervorlage" gemerkt. Lieber habe ich mir eine solche Stelle nochmal an einem anderen Tag vorgenommen, an dem sie mir (ggf. aufgrund mittlerweile dazu gelerntem Stoff) einfacher vorkommen sollte, als mich an dem aktuellen Lerntag damit länger aufzuhalten. Bekanntlich ist die Wiederholung des Examensstoffes für die Vorbereitung auf das Examen das A und O, und das lange Grübeln an einer ganz speziellen Problematik hindert hier unter Umständen eher, als dass es nützt.

Examen

Zum Examen nur ganz kurz: Wenn Sie für die Examensvorbereitung und das vorherige Grund- und Hauptstudium ein für Sie passendes Lernmodell gefunden haben, d. h. auch diejenigen Hacks anwenden, die Ihnen wirklich nützen, so wird es sich im Examen ergeben, dass Ihre Strategie aufgeht und Sie auch mit einem guten Ergebnis daraus hervorgehen. Das Examensergebnis hat – entgegen oftmaliger Behauptungen – nichts mit Glück zu tun, sondern ist ganz überwiegend auf Ihre Vorbereitung zurückzuführen. Zwar hat man gelegentlich erlebt, dass zuvor als gut eingeschätzte Kandidatinnen und Kandidaten im Examen scheitern, auch dann hat es in der Regel – von tragischen Einzelfällen abgesehen – jedoch an der Vorbereitung gelegen. So reicht es nämlich nicht aus, dass Sie allen Lernstoff für das Examen gut beherrschen, Sie müssen sich vor dem Examen auch schon des Öfteren im Kopf in die Examenssituation versetzt haben! Spielen Sie zum Beispiel die Situation durch, dass Sie in einer „richtigen" Examensklausur sitzen, nämlich einige Tage in kurzem Abstand hintereinander, und dass Sie nun das, was Sie alles in der Vorbereitung auf das Examen gelernt haben, abrufen wollen und müssen. Stellen Sie sich das nicht nur in den Probeklausuren vor, sondern auch ab und zu „abstrakt", wenn Sie lernen oder in der Examensvorbereitung Zeit für sich haben. Es wird Ihnen im Ernstfall bei den Examensklausuren helfen, und wenn Sie gute Examensklausuren schreiben, dann wird auch Ihre mündliche Prüfung mit großer Wahrscheinlichkeit gut gelingen.

Fazit

Hat es sich gelohnt, viel Zeit in das Jurastudium und speziell die Examensvorbereitung zu investieren, und bin ich sogar zu dem Punkt gelangt, das Jurastudium zu lieben? Im Nachgang würde ich sagen, dass mir das Jurastudium mitsamt Examensvorbereitung jedenfalls ganz überwiegend großen Spaß gemacht hat und ich es stets als Privileg empfunden habe, Jura mit allen seinen Freiheiten und Möglichkeiten, die das Fach bietet, studieren zu können. Ich wünsche Ihnen alles erdenkliche Gute für Ihren eigenen Weg, lassen Sie sich dabei nicht verunsichern und mögen Ihnen viele Hacks aus diesem Buch und Beitrag dabei helfen!

Vom A und O im Jurastudium und vom Wandern zum Examen

Amelie Räpple, LL.M. (Berkeley) (Referendarin am Kammergericht Berlin; Erstes Juristisches Staatsexamen 2018)

„Das Jurastudium ist ein Marathon. An dessen Ende steht das Erste Staatsexamen." Dieses Mantra alter Jura-Veteranen hörte ich als Studienanfängerin. Erst im Rückblick habe ich verstanden, dass dieser Juristenspruch in zweierlei Hinsicht zutreffend ist. Er zeigt auf, dass erstens schon das erste Semester des Jurastudiums Teil der Laufstrecke ist und dass es zweitens, am Ende des Studiums, eine Ziellinie zu erreichen gilt. Um am Ende mit Schwung über die Ziellinie zu laufen, sind aus meiner Sicht zwei Fähigkeiten gefragt: Ausdauer und Organisation.

Ausdauer: Alle Scheine, die man im Laufe des Jurastudiums erwirbt, werden in die Examensnote nicht eingerechnet. Sie haben nach dem Studium quasi keine Bedeutung mehr. Dies kann dazu führen, dass man keine Motivation zum Lernen entwickelt und nur die Mindestvoraussetzungen zum Bestehen der Klausuren erfüllt. Allerdings ist anders als in anderen Studienfächern im Jurastudium bereits der Stoff von Tag eins relevant für das Examen. Wenn man den Stoff während des Studiums nicht einigermaßen mitlernt, manövriert man sich irgendwann in die missliche Situation, bei Null anfangen und den Stoff mehrerer Semester aufholen zu müssen. Gewiss gibt es Menschen, die das einmal Gelesene behalten und dieses auch gleich richtig anwenden können. Wenn man – wie ich – nicht zu dieser Gruppe gehört, ist es hilfreich, sich vor Augen zu führen, dass das Studium ein Marathon ist und es daher sinnvoll ist, sich am Anfang des Studiums nicht nur mit dem aller Nötigsten zu beschäftigen.

Da ich gerne in Vorlesungen ging und die juristischen Themen verstehen lernen wollte, fiel es mir nicht schwer, einigermaßen am Ball zu bleiben. Ich habe mir kleine Zwischenziele gesetzt, indem ich jede Klausur und jeden Grundlagenschein als selbstständiges Projekt angesehen habe. Auf diese Weise hangelte ich mich von Projekt zu Projekt und hielt so immer einen gewissen Spannungsbogen aufrecht. Natürlich gab es auch Fächer, die ich langweilig fand, z. B. hat mir die Einführung in das Allgemeine Verwaltungsrecht zeitweise als Einschlafhilfe einen guten Dienst erwiesen. Für solche hartnäckigen Fächer teilte ich mir die Arbeit auf: Heute die Seiten 22 bis 47 lesen, dann Freiheit und morgen den Rest des Kapitels. Darüber hinaus hatte ich eine für mich sehr effektive Strategie entwickelt: Ich redete mir ein, dass das als zermürbend empfundene Fach eigentlich Spaß machte. Nach einer Weile, wenn ich mich mit dem entsprechenden Thema ein wenig beschäftigt hatte und anderen davon erzählte, entwickelte ich den Drang, noch mehr wissen zu wollen – auch im Allgemeinen Verwaltungsrecht. Durch das Mitlernen habe ich mir ein gutes Fundament erworben, das ich im Laufe meines Studiums immer weiter ergänzen, festigen oder auch – wenn nötig – korrigieren konnte. Gerade dieser Teil, immer wieder neue Zusammenhänge zu erkennen, hat mir im Studium am meisten Freude bereitet.

Ausdauer bedeutet auch, Durststrecken durchzuhalten. Viele Jurastudierende – wie ich auch – haben während ihres Studiums bestimmt einmal darüber nachgedacht, ob sie das Richtige studieren. Dafür gibt es vielfältige Gründe: die Vorlesungen sind langweilig, die Klausuren laufen schlecht oder man fragt sich ganz generell, ob nicht eigentlich das andere Fach, das man immer als Alternative im Kopf hatte, besser passen würde. Insbesondere schlechte Noten lassen - vor allem, wenn man aus der Schule gute Noten gewöhnt ist - gelegentlich Zweifel an sich selbst oder der Studienwahl aufkommen. Schließlich gilt im Jurastudium das „4-gewinnt-Prinzip“. Mir ist es bis zum Examen schwer gefallen, schlechte Noten gelassen hinzunehmen und nicht traurig oder frustriert zu sein. Letztlich habe ich gelernt, dass man sich durch schlechte Noten nicht entmutigen lassen sollte - sie gehören dazu. Viel sinnvoller ist es, sich mit der Korrektur kritisch auseinanderzusetzen. Jeder Fehler war hilfreich, denn diesen Fehler habe ich jedenfalls nicht noch einmal gemacht.

Schließlich kann der Marathon zum Examen nur mit ausreichend Pausen durchgehalten werden. Da man mit dem Stoff nie fertig ist, könnte man ununterbrochen lernen. Das macht keinen Spaß. Außerdem nutzt man dann nicht die Freiheiten, die einem das Jurastudium bietet. Gerade wenn das Examen näher rückt, sind Pausen aus meiner Sicht essentiell. Wichtig für mich waren in dieser Zeit vor allem die freien Tage am Wochenende und der Sport. Ob Kurse vom Uni-Sport, Laufen oder Schwimmen; einmal am Nachmittag „auspowern“ und danach konnte ich mich wieder erfrischt an meine Aufgaben setzen.

Organisation: Neben dem Einplanen von Freizeit, um genügend Ausdauer zu haben, ist Organisation die zweite Fähigkeit, die ich im Jurastudium als sehr nützlich empfunden habe. Während des Studiums habe ich gruselige Geschichten über Jurastudierende gehört, die sieben Tage die Woche für über ein Jahr ununterbrochen gelernt haben und dann im Examen durchgefallen sind. Diese Strategie schien also nicht zielführend. Besser war es, sich die Zeit einzuteilen. So konnte ich die Möglichkeiten nutzen, die das Jurastudium bietet, wie zum Beispiel Seminare oder fachfremde Kurse zu besuchen, einen Auslandsaufenthalt zu planen oder sich

Studierendengruppen anzuschließen. Vor allem habe ich den Spaß am Fach nicht verloren.

Organisation betrifft auch die Art und Weise, wie man effektiv lernt. Ich habe eine unleserliche Handschrift. Deshalb hielt ich es für klug, den zu lernenden Stoff abzutippen. In schön formatierten Word-Dokumenten habe ich am Anfang meines Studiums stundenlang fein säuberlich die Folien der Professoren mit dem Inhalt aus Lehrbüchern fusioniert. Am Ende hatte ich unglaublich viele Seiten Text. Gemerkt habe ich mir den Inhalt nicht. Ich bin dann auf Karteikarten umgestiegen. Das ist zwar „old-school", hat aber sehr effektiv funktioniert – für mich übrigens auch besser als digitale Karteikarten. Einen großen Schritt wäre ich heute übrigens weiter, wenn mir damals jemand gesagt hätte, dass im Referendariat – anders als im Studium – die klassischen Meinungsstreitigkeiten keine große Rolle mehr spielen, sondern es ausreicht, wenn man die BGH-Meinung kennt. Hätte mir damals jemand diesen Tipp gegeben, dann hätte ich auf meinen Karteikarten gleich die BGH-Meinung entsprechend gekennzeichnet und mir sehr viel Arbeit erspart.

Effektiv lernen konnte ich vor allem zuhause. Es musste absolut ruhig sein. In die Bibliothek bin ich nur gegangen, wenn mir zuhause die Decke auf den Kopf gefallen ist. Dann war es gut, den Lernort zeitweise zu wechseln. Am liebsten bin ich in die Universitätsbibliothek gegangen. Dort trudelten die meisten Studierenden erst so gegen 10:00 oder 10:30 Uhr ein. Ich hatte dann den größten Teil des Vormittags für mich und konnte mit guter Laune zur Mittagessenzeit meine Sachen packen und nach Hause gehen und – wenn ich wollte – dort weitermachen.

Nicht selten habe ich auch im Freien gelernt. An meinem Studienort, im kleinen Heidelberg, konnte ich in wenigen Minuten aus dem Städtchen in den Wald gelangen. Ein Hauptteil meiner Examensvorbereitung bestand darin, die am Morgen verfassten Karteikarten unter den Arm zu klemmen und damit durch die Wälder zu laufen, um den Inhalt nicht nur geschrieben, sondern mir auch gemerkt zu haben. Dabei habe ich mir die Frage auf der einen Seite laut vorgelesen und die Antwort laut selbst gegeben. Wenn ich sie nicht wusste, bin ich stehen geblieben und habe versucht, sie mir durch mehrfaches Wiederholen einzuprägen. Vorbeigehende schienen diese Gebärden entweder mit Verwunderung zur Kenntnis zu nehmen oder mit offensichtlichem Mitleid aufzunehmen. Das war mir aber schlicht egal. Während die anderen in der dunklen Bibliothek saßen, erklomm ich den Philosophenweg und die Hirschgasse und stieg die Wege zum Heidelberger Schloss hinauf. Später konnte ich genau sagen, wo ich eine Karteikarte gelernt hatte und mich dann besser an den Inhalt erinnern. Diese Waldwanderungen habe ich auch mit Kommilitonen unternommen. Das gegenseitige Abfragen und Erklären einzelner Themen fand ich sehr hilfreich. Denn häufig habe ich beim Erklären einer Rechtsproblematik, beispielsweise den verschiedenen Ansichten zum Erlaubnistatbestandsirrtum, erkannt, dass ich den Stoff doch noch nicht ganz verstanden oder verinnerlicht hatte.

Fazit: A und O im Jurastudium sind Ausdauer und Organisation. Wie man seinen persönlichen Marathon zu der vielleicht noch abstrakten Ziellinie gestaltet, muss indes jeder für sich selbst entscheiden. Den einen goldenen Weg gibt es nicht; nur verschiedene „Lifehacks“ von alten und jungen Jura-Veteranen, die bei der Gestaltung des eigenen Marathons eine Inspiration sein können.

Dropsets – die abnehmende Belastung

Tobias Rapp (Akademischer Mitarbeiter an der Universität Heidelberg; Erstes Juristisches Staatsexamen 2018)

Die Examensvorbereitung war die lockerste Phase meines Studiums. Wie konnte es dazu kommen?

Mein Ansatz während des Studiums war es, stets einen vollen Kalender zu pflegen. In den ersten Semestern trainierte ich drei Mal pro Woche eine Ballsportart und spielte in einem Auswahlorchester mit jährlich stattfindenden Konzertreisen, innerhalb und außerhalb Europas. Ab dem vierten Semester trat an die Stelle des Orchesters ein zweites Studium in Vollzeit (B.Sc. in Wirtschaftswissenschaften). Das alles war anstrengend, aber keine Last. Ich war immer bereit, Dinge abzubrechen, sofern sie mir keinen Spaß machten. Meine bereits ordentlichen Noten in Jura verbesserten sich erstaunlicherweise durch die Aufnahme des Zweitstudiums und ich lernte, die Vorzüge beider Fachrichtungen zu schätzen. Damals beobachtete ich, dass erfolgreiches Lernen sich sehr stark von Person zu Person unterscheiden kann. Ich entwickelte eine Methode, die anders war als die Methoden vieler meiner Kommilitoninnen und Kommilitonen, die mit ihren Lernsystemen aber nicht weniger erfolgreich waren.

Ich lernte Fachgebiete immer ganzheitlich. Leider ist dieses Vorgehen mit den meisten Vorlesungs- und Prüfungsplänen nicht vereinbar, weshalb ich es nicht immer vollständig durchhalten konnte. Grob teilte ich das jeweilige Semester in vier (zusammenhängende) Monate Jura und zwei Monate Wirtschaft auf. Innerhalb der Studienfächer eignete ich mir die Teilfächer „am Stück“ an. Vorlesungsbesuche reduzierte ich erheblich. Stattdessen erarbeitete ich mir die einzelnen Fächer anhand von Lehrbüchern und Podcasts, ohne dabei von anderen Fächern „gestört“ zu werden. Indem ich beispielsweise zwei Wochen ausschließlich Allgemeines Schuldrecht lernte, konnte ich ein tieferes Verständnis der einzelnen Gebiete aufbauen und Zusammenhänge leichter erkennen. Dies galt im Übrigen auch für die Probephasen zum Einlernen neuer Konzertprogramme, in denen ich über mehrere Wochen praktisch ausschließlich musizierte. Wichtig ist, dass dieses Vorgehen allein für das erste Lernen und nicht für die Wiederholung galt. Selbstverständlich wiederholte ich den Stoff beispielsweise durch AG-Besuche und musizierte beinahe täglich für einige Minuten. Gleichwohl erfolgte der erste Zugriff auf ein Thema stets durch eine intensive Einarbeitungsphase, möglichst ohne anderweitige Ablenkungen. Ganz anders war dies natürlich beim Sport, der gerade der Ablenkung dient sowie die Erhaltung bzw. den Ausbau der physischen Leistungsfähigkeit zum Ziel hat.

Der Mensch braucht Pausen. Eine solche legte ich nach dem sechsten Semester mit einem Erasmus-Jahr ein, in dem ich das Wirtschaftsstudium aussetzte und im Übrigen weniger akademische Anstrengungen unternahm. Auszeiten haben die richtige Länge, wenn man am Ende den Wiederbeginn der Arbeit kaum mehr erwarten kann. Das war bei mir tatsächlich erst nach ungefähr acht Monaten (Ende des dortigen Sommersemesters) der Fall. Voller Energie brachte ich dann innerhalb eines guten Jahres mein Wirtschaftsstudium zu Ende und erwarb den für das Examen noch ausstehenden Seminarschein.

Die Examensvorbereitung begann also mit einer für mich völlig unbekannten Entlastung. Das Zweitstudium war beendet, meine Musikerkarriere führte ich hauptsächlich neben dem Weihnachtsbaum oder bei Geburtstagsfeiern fort und den Schwerpunktbereich wollte ich erst nach dem Examen angehen. Für mich persönlich war *der* Lifehack für eine gute Vorbereitungszeit, dass die Gesamtbelastung deutlich geringer ausfiel als jene aus den Jahren zuvor. Mein Lerntag endete regelmäßig um 15 Uhr (ich bin allerdings ein Frühaufsteher). Freizeit hatte ich wie kaum zuvor. Sie wurde gefüllt mit Vereinssport (vier bis fünf Einheiten pro Woche) und viel Kochen. Gutes Essen unterstützt nach meinem Dafürhalten nicht nur die physische, sondern auch die psychische Leistungsfähigkeit. Nach der ersten der insgesamt drei Semester dauernden Vorbereitung gönnte ich mir vier Wochen Urlaub, nach der zweiten nochmals zwei. Die letzten Wochen vor dem Examen arbeitete ich nur noch halbtags und verbrachte die restliche Zeit mit Dehnübungen, Filme schauen und gesundem Essen.

Arbeitsmethoden müssen zur Person passen. Ich habe meine durch schlichtes Ausprobieren gefunden. Sie mag so wenig zu Dir passen wie andere zu mir. Ich wage nicht, sie Dir vorbehaltlos zu empfehlen. Aber wenn Du ein etwas unkonventioneller Typ bist, mag das Folgende ein Gedankenanstoß für Dich sein. Weder kommerzielle Repetitorien (das Geld steckte ich in Urlaube) noch universitäre Dozentenkurse waren mit meiner Methode kompatibel. Ich begann, wie bereits erprobt, mit der Erarbeitung ganzer Rechtsgebiete. Zunächst das gesamte materielle Strafrecht, dann das BGB. Bis ich mit dem öffentlichen Recht überhaupt begann, waren bereits zehn Monate Vorbereitung vorüber. Es folgten Nebengebiete. Probeklausuren oder gar ein Probeexamen sind bei einem solchen Vorgehen wenig sinnvoll. Ich schrieb insgesamt dreizehn Probeklausuren – im öffentlichen Recht eine. Es fiel mir aber schon immer leicht, einmal vorhandenes Wissen zu Papier zu bringen. Insofern lag also kein besonderer Übungsbedarf vor. Andererseits bestand beinahe meine gesamte Vorbereitung aus dem Lösen von Kurzfällen,

Originalklausuren und Tutoriumsfällen. Dabei verbrachte ich sehr viel Zeit mit Lernpartnern. Wir versuchten penibel, unsere Lösungen so auszusprechen, als ob wir eine Klausur niederschreiben würden. So sammelten wir zusätzliche „Klausurpraxis“, ohne das Handgelenk zu überlasten.

Das Examen schrieb ich nach dem elften Fachsemester und hatte damit keinen Verbesserungsversuch für den Fall einer Enttäuschung übrig. Ich wollte lieber „einmal richtig schreiben“ und wusste, dass ich unter Druck in der Regel am besten arbeite. Den Schwerpunktbereich absolvierte ich entspannt danach. Prompt fiel dieser deutlich schlechter aus als die Staatsprüfung. Zum Glück braucht aber niemand einen perfekten Lebenslauf.

Geben und Nehmen

Louise Rettweiler (Wissenschaftliche Mitarbeiterin bei Herbert Smith Freehills in Frankfurt a. M.; Erstes Juristisches Staatsexamen 2019)

Direkt nach meinem Abitur habe ich mich dazu entschieden, ins Ausland zu gehen. Meine Wahl fiel dabei auf ein Projekt in den USA und ich hoffte, dabei herauszufinden, was ich danach machen wollte. Bis dahin hatte ich noch nicht den dringenden Wunsch verspürt, Jura zu studieren. Als ich nach Deutschland zurückkehrte war dennoch klar, dass ich sofort anfangen wollte zu studieren. Die Auswahl der Studienfächer, die im Sommersemester anfingen, war nicht sehr groß. Ich entschied mich für das Jurastudium. Wie so viele nahm ich mir vor, mir das Studium ein bis zwei Semester anzuschauen und dann zu entscheiden, ob es das Richtige für mich ist. Recht schnell entwickelte ich dann aber ein Interesse am Strafrecht, was nicht bedeutete, dass mir die Klausuren und Hausarbeiten leicht fielen. Aber es war wichtig für mich, in gewisser Hinsicht Spaß und Interesse an der einen oder anderen Materie zu erlangen.

Es hat mir unheimlich geholfen, ein Ziel vor Augen zu haben – besonders auch im Hinblick auf die letzten Monate vor dem Examen. Denn nicht selten gelangt man während des Studiums an einen Punkt, an dem man sich fragt: „Wieso tue ich mir das ganze eigentlich an?" Besonders frustrierend können dabei die letzten 1 – 2 Jahre vor dem Examen werden. Warum studiere ich Jura? Was möchte ich mit diesem Studium erreichen und ist es diesen Aufwand am Ende wirklich wert? In welchem Beruf sehe ich mich in zehn Jahren? Mein Wunsch war es, entweder Staatsanwältin oder Strafverteidigerin zu werden und dies ist auch heute noch der Fall. Zu Anfang erschien mir dieser Wunsch fast schon absurd, aber er half mir dabei, mich zu motivieren. Ich bin der Meinung, dass sich das Examen nur dann erfolgreich absolvieren lässt, wenn sich nach einer gewissen Zeit eine Art Leidenschaft für die eine oder andere Materie entwickelt. Mit einem solchen Ziel vor Augen war es mir möglich, am Ball zu bleiben und das Lernpensum zu meistern.

Im sechsten Semester habe ich als studentische Hilfskraft an einem Lehrstuhl für Strafrecht gearbeitet. Dabei durfte ich unter anderem eine Arbeitsgemeinschaft für die Erst- und Zweitsemester leiten. Zunächst war dies für mich eine große Herausforderung, gepaart mit einem gewissen Respekt und Unsicherheit. Ich fragte mich, ob ich wirklich schon so weit sei, einem Studienanfänger die Grundlagen des Strafrechts zu erklären und auf die verschiedenen Fragen plausible Antworten zu geben. An diesem Punkt war ich nicht mehr Studentin, sondern Lehrerin. Dies hat mir nicht nur unheimlich viel Spaß gemacht, sondern gewährte mir auch eine gewisse Abwechslung zum Uni-Alltag. Außerdem war ich auf diese Weise gezwungen, besonders die Grundlagen des Strafrechts zu wiederholen und zu festigen. Wenn man es schafft, seinem Gegenüber die Materie in eigenen Worten zu erklären, dann bleibt es im Langzeitgedächtnis hängen.

Weiterhin würde ich immer dazu raten, die Praktika während des Studiums zu nutzen, um praktische Erfahrungen zu sammeln. Natürlich bedeutet dies einen gewissen Aufwand, aber ich möchte es nicht mehr missen. Eines der Praktika habe ich in der Kanzlei Herbert Smith Freehills in Frankfurt am Main absolviert. Da ich in Marburg studierte, musste ich dafür jeden Morgen und jeden Abend jeweils 1½ Stunden Zugfahrt auf mich nehmen, jedoch war mir dies jede Minute wert. Natürlich beschäftigte ich mich bei dieser Arbeit eher selten mit Thematiken, die auch das erste Examen betrafen, dennoch lernte ich juristische Problematiken und Fragestellungen zu verstehen und mit diesen umzugehen. Da ich dabei Motivation und Engagement zeigte, eröffnete sich mir die Möglichkeit, neben dem Studium als studentische Hilfskraft zu arbeiten. Seit dem ersten Examen arbeite ich dort nun als wissenschaftliche Mitarbeiterin. Nicht selten kommen solche beruflichen Erfahrungen auch im Lebenslauf gut an.

Zudem ist es immer ratsam, sich während der Vorbereitungszeit Weggefährten oder Leidensgenossen zu suchen. Ich habe mich dazu mit zwei ehemaligen Studienkollegen, heute sehr engen Freunden, zusammengeschlossen und eine Lerngruppe gegründet. Zunächst haben wir gemeinsam einen Lernplan erstellt, der jede Woche alle Lerngebiete beinhaltete. Sodann haben wir uns auf feste Lerntage geeinigt und wöchentlich die passenden Räumlichkeiten in der Bibliothek reserviert. Dadurch haben wir es geschafft, uns täglich gegenseitig zu motivieren und zu mehr Leistung zu pushen. Entschied sich einer aus der Gruppe noch, eine Extrastunde dran zu hängen, hat der Rest es diesem gleichgetan. Nicht selten gab es Tage, an denen ich lieber einen lernfreien Tag eingelegt hätte, anstatt in die Bibliothek zu gehen. Da die Lerngruppe aber bereits eine Uhrzeit und einen Treffpunkt vereinbart hatte, war der freie Tag schnell wieder vergessen. Meine Auswahl fiel auf zwei Kommilitonen, die meiner Ansicht nach auf einem bereits höheren Wissensstand waren und so versuchte ich auf deren Level zu gelangen. Mit Hilfe dieser Gruppe habe ich nicht nur stumm vor Fallbüchern und Skripten gesessen, sondern über die tatsächlich relevanten Problematiken gesprochen und diskutiert. Dabei haben wir uns gegenseitig etwas beibringen können. Wie oft saß ich vor Fallproblemen und Lösungen, die ich einfach nicht verstanden habe. Ich selbst hätte mich damit Stunden oder Tage beschäftigen können. Gemeinsam ließen sich diese Probleme aber viel einfacher und schneller lösen. Diese Lerngruppe hat mir dabei geholfen, in manchen Situationen nicht zu verzweifeln oder gar aufzugeben. Geben und Nehmen war in meiner Lerngruppe selbstverständlich.

Daneben war es mir ganz wichtig, einen „Lern-Alltag" zu schaffen. Was für andere der Arbeitstag im Büro ist, war für mich der Lern-Tag in der Bibliothek. Ich bin jeden Morgen um dieselbe Uhrzeit aufgestanden und habe versucht, das Haus frühzeitig zu verlassen. Daneben konnte ich mir einen festen Sitzplatz in der Bibliothek bis zum Examen reservieren. Außerdem bin ich jeden Mittag zur selben Uhrzeit in die Mensa gegangen. Ein solch geregelter Alltag schaffte Routine und das Lernen wurde zum Alltag, eben wie in einem ganz normalen Job.

Hilfreich ist es außerdem, sich eine gute Lern- und Entspannungsatmosphäre zu schaffen. Man sollte sich einen Ort zum Lernen, aber auch einen Wohlfühlort einrichten. Ich habe mich dazu entschieden, ausschließlich in der Bibliothek zu lernen, sodass ich, wenn ich nach Hause kam, keine offenen Lehrbücher auf dem Esstisch oder neben dem Bett vorfand.

Daneben würde ich davon abraten, sich zum Lernen zu zwingen. Ein Tag, an dem es nicht möglich ist, acht bis zehn Stunden zu lernen, ist kein verlorener Tag. Mir war es wichtig, deswegen nicht frustriert und enttäuscht nach Hause zu kommen. Es gibt Tage, an denen schafft man mal mehr und mal weniger. Wichtig ist, seinen eigenen Lernrhythmus und seine eigenen Lernmethoden und damit den besten Weg für sich selbst finden.

Zu guter Letzt würde ich noch dazu raten, nicht nur Lehrbücher, Skripte und Fälle zum Lernen zu nutzen, sondern auch mal auf andere Hilfsmittel auszuweichen. Mir haben dabei diverse Podcasts wie „F.A.Z. Einspruch" oder „Lage der Nation" geholfen. Dabei bleibt man nicht nur auf dem neuesten Stand, was in und um Deutschland geschieht, sondern erfährt, wie sich die unterschiedlichen Themen rechtlich bewerten lassen.

Strukturwissen versus Inselwissen

Dr. Sebastian Rogge (Syndikusrechtsanwalt bei der Google Germany GmbH; Erstes Juristisches Staatsexamen 2012)

Mein erster und einziger Berufswunsch (soweit meine Eltern sich erinnern) war der des Rechtsanwalts. Niemand kann sich den Grund dafür erklären, denn einen Rechtsanwalt hatten wir in der Familie bislang nicht und als sonderlich streitlustig kann man uns ebenfalls nicht bezeichnen. Irgendwo habe ich die Liebe zur juristischen Profession jedoch aufgeschnappt und verinnerlicht. Meine Eltern hatten sicher nicht immer Freude an meiner sich kontinuierlich entwickelnden Diskussionslust.

Nach einer anfänglich starken und sich nach einigen Jahren umso stärker abkühlenden Begeisterung für die Schule begann ich das Jurastudium hochmotiviert in meiner Heimatstadt Göttingen. Die ersten Semester vergingen wie im Flug und das typische Studentenleben hatte mich voll gepackt. Tagsüber ein bisschen „sehen und gesehen werden in der Bibliothek" (insbesondere viele Kaffeepausen im Kreise der Kommilitonen) und abends ... das Übliche.

Das Lernen des juristischen Stoffes ging mir recht einfach von der Hand. Die düsteren Ankündigungen der Mentoren in der Orientierungsphase („jede Jura-Klausur ist mindestens so anspruchsvoll wie eine Klausur im Abitur") entpuppten sich ziemlich schnell als Ente. Ich merkte, dass ich auch mit knapper Vorbereitung sehr passable Noten schrieb – Kurzzeitgedächtnis sei

Dank. Dass ich mir dadurch ein Inselwissen aufbaute und den Stoff zudem nicht im Gedächtnis abspeicherte, ignorierte ich geflissentlich. Mit diesem Vorgehen kam ich immerhin recht erfolgreich durch das Hauptstudium und sah keinen Grund zur Änderung meiner Strategie. Leider stellte sich dies in der Examensvorbereitung nicht als meine allerbeste Idee heraus.

Die Examensvorbereitung begann ich zusammen mit Kommilitonen in Form eines kommerziellen Repetitoriums. In den ersten Stunden des Repetitoriums merkte ich erstmalig, wie komplex juristische Sachverhalte und Lösungen doch sein können. Vor allem im Zivilrecht wurde mir schnell klar, dass mit meinem verblassten Inselwissen nicht viel zu holen ist. Erstmals realisierte ich, was ich mir mit meiner Lernstrategie eingebrockt hatte.

Die Wochen gingen ins Land und meine Kommilitonen und ich ächzten unter der Stoffmasse des Repetitoriums. Irgendwann überkam mich die typische Examens-Panik und mir wurde klar, dass meine Befähigung zum Schreiben des Examens in weiter Ferne lag. Ich war auch zu ehrgeizig, als dass ich mich mit einem „Vier gewinnt" abfinden wollte.

Aus einem Impuls heraus erwarb ich die druckfrische Auflage des Medicus/Petersen, um meine Strukturschwäche im Zivilrecht zu beheben. In der Folge arbeitete ich dieses Standardwerk in mühevoller Arbeit einmal durch. Gebracht hat es mir aber nur wenig. Die Ausführungen wollten nicht so recht hängen bleiben. Teilweise musste ich die gleichen Sätze wieder und wieder lesen, um bloß die Aussage zu verstehen – vom Speichern des einmal Verstandenen ganz zu schweigen. Ähnliches widerfuhr mir auch in den anderen Rechtsgebieten. In der Bibliothek griff ich mir stets die Standardwerke und versuchte das Gelesene zu verinnerlichen. Es gelang eher mäßig. Zu schnell ging das Erlernte wieder verloren. Ich musste daher einen anderen Weg einschlagen.

Eine Art Erweckungserlebnis hatte ich in einer Vertretungsstunde im Repetitorium. Aufgrund der Krankheit des Strafrecht-Repetitors sprang ein junger Kollege ein, der eine Woche vor seinem zweiten Staatsexamen stand. Er erzählte, dass er dem Erlernen der verschiedenen Ansichten juristischer Meinungsstreite nichts abgewinnen kann. Vielmehr konzentriere er sich stets auf das maximale Verständnis der Grundstrukturen. Auf dieser Basis habe er ein gesundes Problembewusstsein entwickelt und könne unter Heranziehung der juristischen Auslegungskanones stets vertretbare Lösungen erzielen.

Ich fand diese Herangehensweise charmant, bedeutete sie doch einen etwas geringeren Lernaufwand. Ich fokussierte mich daher stark auf die Grundstrukturen der verschiedenen Rechtsgebiete. In diesem Zusammenhang erkannte ich schnell, dass ich mit den oben genannten Standardwerken nicht den gewünschten Erfolg erzielte. Häufig waren mir diese für meine Strategie zu komplex und mit allen erdenklichen Meinungsstreitigkeiten aufgeladen. Stattdessen nutzte ich Skripte (aus eigener Erfahrung: Dieser Ansatz ist für manche Professoren ein Sakrileg; jedoch ist niemandem geholfen, wenn man unter Nutzung der „wissenschaftlich fundierten" Werke am Examen scheitert). Diese vermittelten das für mich nötige Wissen in leichter verdaulichen Häppchen und vor allem in eingängigerer Sprache. Ein für mich nicht zu unterschätzender Vorteil, um Wissen schnell aufzunehmen.

Um den Kopf frisch und die Motivation hoch zu halten, habe ich mir den Lernstoff zudem grob aufgeteilt. Hierfür entwickelte ich jedoch keinen starren Lernplan (für mich zu viel Aufwand und am Ende verwirft man den Zeitplan sowieso), sondern teilte mir jeden Wochentag schlicht in zwei Blöcke. Montagvormittags Zivilrecht, nachmittags öffentliches Recht und so weiter. Damit erzeugte ich etwas Abwechslung und musste mich gedanklich nur einen halben Tag mit weniger erquicklichen Themen auseinandersetzen.

Zum besseren Wiederholen des Stoffes fing ich zudem an, Karteikarten zu schreiben. Größter Vorteil des Schreibens von Karteikarten ist, dass man diese selber schreibt (aha!) und der Stoff dadurch besser/schneller im Gedächtnis haften bleibt. Größter Nachteil ist jedoch, dass Karteikarten schreiben viel Zeit kostet. Für das Zivilrecht fabrizierte ich eine recht beachtliche Anzahl von Karteikarten und wiederholte diese wenige Male. Auf Dauer war mir das Schreiben aber zu lästig. Effektiver fand ich es, die Kernaussagen in den Skripten farbig zu markieren (wer es auf die Spitze treiben will, kann sich verschiedene Farbcodes für Definitionen, Kernaussagen etc. überlegen). Die markierten Stellen habe ich dann regelmäßig wiederholt. Man sollte darauf achten, wirklich nur die wichtigsten Aussagen farblich hervorzuheben. Während der Examensvorbereitung sah ich auch in allen Neonfarben leuchtende, komplett markierte Skripte – hier dürfte der Aspekt des fokussierten Wiederholens verloren gehen.

Das Lernen mit Skripten hatte den gewünschten Erfolg, weil ich die Grundstrukturen recht schnell verinnerlichte. Ich merkte jedoch, dass es mit der Umsetzung in Klausuren etwas haperte. Abstraktes Wissen aneignen war für mich das Eine. Dieses Wissen konkret auf einen Sachverhalt anzuwenden etwas anderes. Daraufhin verband ich das Lernen des Stoffes stets mit etwas Konkretem. Wenn ich mich in einem Fachgebiet dem Ende näherte, nutzte ich thematisch relevante Fallbücher. Hilfreich fand ich dabei solche, die einen mit wenigen Problemen gespickten Sachverhalt mit einer Lösungsskizze und einer ausformulierten Lösung aufbereiteten. Mir ging es dabei nicht um die komplexen Fälle. Hilfreicher waren für mich kleine Fälle, an denen ich abgegrenzte Probleme lösen konnte. Hierbei schrieb ich die Lösungsskizze zunächst nieder und formulierte dann die Lösung in Gedanken. So erlangte ich schnell die gewünschte Sicherheit bei der Lösung von Fällen und lernte beim Prüfen meiner Lösung typische Formulierungen und Klausurfallen kennen.

Hilfreich fand ich zudem die Aufbereitung von Fällen innerhalb einer festen und regelmäßig stattfindenden Lerngruppe. Von Vorteil war hier der Gruppenzwang zur fokussierten Befassung mit einem Fall. Auch der Vortrag der gefundenen Lösung und die häufig damit einhergehende Diskussion von Rechtsproblemen war ein sehr hilfreicher Aspekt. Wenig finde ich rückblickend für die Stoffvertiefung so wertvoll wie die fachbezogene Diskussion mit Kommilitonen.

Zum Schluss: Das Erlernen von Wissen ist eine höchst individuelle Angelegenheit. Ein allgemeingültiges Patentrezept (abgesehen von „man muss einfach anfangen") gibt es vermutlich nicht. Man kann sich das Leben jedoch durch gewisse „Strategien" unnötig erschweren. Wenn man dies erkennt und rechtzeitig gegensteuert, kann auch die Examensvorbereitung ihren Schrecken etwas verlieren und am Ende zum gewünschten Examensergebnis führen.

Klausuren lesen, nicht lösen

Rebecca Romig (Rechtsanwältin bei Baker & McKenzie Partnerschaft von Rechtsanwälten und Steuerberatern mbB; Erstes Juristisches Staatsexamen 2016)

Disclaimer

Bevor ich beginne, möchte ich einen – für Juristen unerlässlichen – Disclaimer voranstellen. Mein Weg durchs Studium und meine „Tricks" haben keinen Anspruch auf Allgemeingültigkeit. Sie haben mir geholfen, aber das heißt nicht, dass sie auch für andere Studierende der richtige Weg sind. Ich habe diese Herangehensweise an das Studium auch nicht zu Beginn bewusst gewählt. Vielmehr hat sich diese nach und nach entwickelt und erst nach dem Studium habe ich gemerkt, was mir beim Lernen geholfen hat.

Ein Blick ins Gesetz erleichtert wirklich die Rechtsfindung

Im ersten Semester nahm ich an einer freiwilligen Lerngruppe zum Strafrecht AT teil – eine für mich sehr prägende Erfahrung. Wir waren ungefähr acht Studierende und lösten Fälle, die jeweils von einem Kommilitonen vorbereitet wurden. Zu diesem frühen Zeitpunkt des Studiums hatte ich keine Ahnung von Jura-Lerngruppen, oder von Jura im Allgemeinen. Dies führte dazu, dass ich mich ständig fragte, wie meine Kommilitonen es schafften, einen Straftatbestand ohne Zuhilfenahme eines Lehrbuches zu prüfen. Woher kannten sie die Tatbestandsmerkmale? Hatten sie diese alle schon auswendig gelernt? Ich war maßlos überfordert und nahm nach wenigen Sitzungen nicht mehr an der Lerngruppe teil. Erst Wochen (oder waren es sogar Monate?) später, fiel bei mir der Groschen: Ein Blick ins Gesetz erleichtert tatsächlich die Rechtsfindung! Mir wurde dann erst klar, dass sich die Tatbestandsmerkmale aus dem Gesetz ergeben. Ich hatte tatsächlich anfangs nie wirklich im Gesetz nachgeschaut und die Vorschriften gelesen. Im Nachhinein erscheint mir dieser „Trick" fast zu offensichtlich, um ihn hier zu erwähnen, aber für Studierende, die wie ich ohne juristische Vorkenntnisse (mit Ausnahme des regelmäßigen Schauens der Gerichtsverhandlungen von Barbara Salesch und Alexander Hold) ins Studium starten, hoffentlich doch hilfreich.

Finde Dein eigenes Tempo und Deine eigene Lernweise

Was habe ich aus dieser Erfahrung noch für mich mitgenommen? Warum erzähle ich gerade diese Lerngruppen-Geschichte? Grund ist, dass ich von der Lerngruppe zu dem damaligen Zeitpunkt nicht profitieren konnte. Es war für mich einfach zu früh. Trotzdem habe ich aus der Erfahrung langfristig viel gelernt:

1. Alle kochen nur mit Wasser. Nur weil einige Leute schon früh im Studium anfangen (in Lerngruppen) zu lernen, sollte man sich selbst davon nicht unter Druck setzen lassen.
2. Lerngruppen mit vielen Teilnehmern (fünf oder mehr) sind wenig produktiv.
3. Lerngruppen zu besuchen, wenn man so gar keinen Durchblick hat, ist verschwendete Zeit.
4. Lernen mit Lerngruppe kann eigenes, selbständiges Lernen nicht ersetzen.

Trotz dieser Erkenntnisse habe ich im Laufe meines Studiums in Lerngruppen gelernt, insbesondere für die Vorbereitung auf das erste Examen. Für mich waren diese Lerngruppen aber vielmehr ein soziales Event und Austausch mit Leidensgenossen als ein Ersatz meines eigenständigen Lernens. Ich habe definitiv effizienter gelernt, wenn ich für mich allein gelernt habe. Das Uni-Rep, dessen Konzept auch darauf beruhte, viel in Lerngruppen zu erarbeiten, kam für mich daher nicht in Frage. Ich wollte effizientes und strukturiertes Lernen mit und durch vorbereitete Unterlagen, die ich durcharbeiten konnte. Da das Jurastudium nicht mein Lebensinhalt werden sollte, versuchte ich mit Minimalaufwand den größtmöglichen Erfolg zu erzielen. Ein Problem selbst aufzubereiten, zu diskutieren und mehr als ein Argument pro Seite auszutauschen, machte mich ungeduldig und widersprach meiner Einstellung zum effizienten Lernen. Lieber lernte ich die Argumente auswendig, statt sie durch langes Diskutieren herzuleiten. Ich bevorzugte es, Karteikarten mit Definitionen und Problemen zu beschreiben. Diese waren meine ständigen Begleiter. Ob vor dem Schlafengehen, während einer Zugfahrt oder dem Spaziergang, immer hatte ich meine Karteikarten dabei und arbeitete sie durch. Das Niederschreiben allein half mir nicht, ich musste die Karteikarten wieder und wieder durchlesen, um mir Sachen merken zu können.

Für mich war das kommerzielle Repetitorium daher ein Segen. Gefühlt habe ich erst dadurch Jura wirklich verstanden. Ich war auch in den vorherigen Semestern schon fleißig und habe gelernt, aber das Verständnis für Jura kam tatsächlich erst durch das Repetitorium.

Klausuren lesen, nicht lösen

Ein weiterer „Trick", wenn man ihn denn so nennen kann, der mir rückblickend unglaublich geholfen hat, ist es, Klausuren zu lesen und nicht immer zu lösen. Vorneweg und um Missverständnisse zu vermeiden: Es ist extrem wichtig, (viele) Klausuren zu schreiben. In der Examensvorbereitung habe ich mich jeden Samstagmorgen in den Uni-Klausurenkurs gequält. Nur um oft zu erkennen, dass ich keine Ahnung hatte, wie man die Klausur lösen muss. Regelmäßig, vor allem gegen Ende der Examensvorbereitung, habe ich mich trotzdem durchgerungen, wenigstens irgendwas aufs Blatt zu kriegen und abzugeben. Anfangs habe ich aber ebenso oft nach einer Stunde abgebrochen und bin frustriert wieder ins Bett gekrochen – nicht jedoch ohne von meinem schlechten Gewissen begleitet zu werden. Auch wenn man regelmäßig zur Verzweiflung getrieben wird: Das Klausurenschreiben hilft und man sollte nicht aufgeben.

Aber zurück zu meinem „Trick“: Klausuren lesen! Ich habe vor allem bei der Vorbereitung auf das zweite Examen extrem viele Klausuren bzw. Fälle mit ausformulierten Lösungen durchgelesen. Natürlich sollte man sich nicht sofort auf die Lösung stürzen, sondern sich erst einmal den Sachverhalt und eine grobe Lösungsskizze erarbeiten oder andenken. Auf die Lösungsskizze habe ich meist nicht mehr als 20 Minuten verwendet. Das lag sicherlich nicht daran, dass ich so schnell war, sondern vielmehr wusste ich dann oft schon nicht mehr weiter, war frustriert und demotiviert oder hatte keine Lust. Anschließend habe ich die Klausurlösung intensiv durchgearbeitet. Hierfür habe ich deutlich mehr Zeit aufgewendet und Karteikarten mit den Problemen, aber auch – vor allem in der Vorbereitung auf das zweite Examen – Musterformulierungen erstellt, da es gerade im Prozessrecht und für den Gutachten-/Urteilsstil doch viele Standardformulierungen gibt. Die Masse an Klausuren, die ich gelesen habe, hat mir auch ein gewisses Gefühl von Sicherheit gegeben, da ich dadurch einfach viele Probleme und Konstellationen schon einmal gesehen hatte.

Was ich jedoch für die Vorbereitung des ersten Examens nur im Einzelfall gemacht habe, war die ausgedehnte Lektüre von Lehrbüchern und Gerichtsentscheidungen. Lehrbücher waren mir einfach zu zäh und zu wenig fallorientiert. Gerichtsentscheidungen hingegen sind aber letztendlich auch nur Fälle mit Lösungen. Für mich waren die Entscheidungen jedoch ebenfalls zu ausführlich, oft langwierig und der Sachverhalt nicht wie in einer Klausur dargestellt. Auch sind Gerichtsentscheidungen im Urteilsstil geschrieben. Für mich schien es kontraproduktiv, Texte im Urteilsstil zu lesen, wenn ich doch im ersten Examen im Gutachtenstil schreiben muss.

Last but not least: Gönne Dir Auszeiten und Ruhepausen und genieße sie

Während andere die F.A.Z. lasen und Bildungsfernsehen schauten, bevorzugte ich Promiflash, die Bild und Trash-TV. Der (Fort-)Bildungseffekt war zwar gering, jedoch hatte dieses Programm für mich zwei positive Effekte: Ich konnte hierdurch abschalten und den Examensdruck kurzfristig (bis zur nächsten Werbepause) vergessen. Ohne solche Auszeiten wären die Monate der Examensvorbereitung für mich noch unerfreulicher gewesen.

Mein Geheimtipp – und ich schwöre darauf, dass mir dies zum erfolgreichen Bestehen meines Examens verholfen hat: SCHLAF. Gerade während des ersten Examens (während des zweiten Examens hatte ich leider eine Baustelle neben meinem Zimmer) habe ich nicht täglich und schon gar nicht von morgens bis abends in der Bibliothek gelernt. Wenn ich in die Bibliothek ging, dann möglichst früh bis nach dem Mittagessen in der Mensa – das Mittagessen als soziales Event konnte ich mir nicht entgehen lassen. Danach ging ich nach Hause, las Karteikarten im Bett und machte einen Powernap. Dann lernte ich wieder weiter, nur um nochmals einen Powernap mit vorherigem Karteikartenlesen einzulegen. An Tagen, an denen ich ausschließlich zu Hause lernte, habe ich bis zu vier Powernaps pro Tag gemacht. Es ist wohl auch wissenschaftlich bewiesen, dass sich das Gelernte im Schlaf verfestigt. Daher rate ich jedem dazu, während des Lernens so oft es geht ein Nickerchen einzulegen.

Um nach dem Schlaf wieder fit zu werden, aber natürlich auch, um grundsätzlich fit zu bleiben, ging ich oft noch eine Runde joggen oder spazieren – letzteres natürlich mit meinen Karteikarten. Frische Luft tut einfach gut und stärkt das Immunsystem. Krank werden vor dem Examen will schließlich jeder vermeiden.

Zu guter Letzt – auch wenn es schwerfällt – ist es gerade in dieser Zeit wichtig, persönliche Beziehungen, ob zu Familie, Partner oder Freunden, aufrechtzuerhalten und zu pflegen. Ich habe mich dazu gezwungen, mindestens einen Tag in der Woche komplett frei zu machen und mit Freunden oder Familie Zeit zu verbringen, um den Kopf frei zu bekommen, aber auch um Kraft zu tanken.

Drei (un-)orthodoxe Empfehlungen für ein entspanntes und erfolgreiches Jurastudium und Examen

Thomas Sagstetter (Wissenschaftlicher Mitarbeiter, Doktorand und Dozent an der Ludwig-Maximilians-Universität München; Erstes Juristisches Staatsexamen 2016)

Im Rahmen meiner Lehrveranstaltungen stellen mir Studierende häufig die Frage, wie sie das Studium und die Examensvorbereitung optimal gestalten können. Daher biete ich regelmäßig eine „Bonus-Vorlesung" an, in der ich meine Erfahrungen und (un-)orthodoxen Empfehlungen gesammelt weitergebe. Auf diesen „Bonus-Vorlesungen" und den erfreulichen Rückmeldungen zahlreicher Studierender basiert dieser Beitrag.

Bleiben Sie entspannt und gehen Sie Ihren eigenen Weg!

Jura ist eine „Zeitwissenschaft" und eine höchst individuelle Angelegenheit. Generell-abstrakt lässt sich nur Folgendes festhalten: Jeder, der sich lange genug mit Jura beschäftigt, kann das Examen entspannt und erfolgreich meistern. Beschäftigen meint dabei vorrangig: Fälle lösen und sich systematisches Wissen sowie einen „methodischen Handwerkskasten" aneignen. Je nach individuellen Gegebenheiten mag das Jurastudium dann bei manchen bis (weit) über die Regelstudienzeit hinaus dauern. Andere benötigen nur die Mindestanzahl an Semestern. Nehmen Sie sich die Zeit, die Sie benötigen und lassen Sie sich von offiziellen Studienplänen, Freischussfristen und Ihren Mitstudierenden nicht hetzen bzw. verunsichern. Es ist Ihr Studium und am Ende zählt für Sie nur Ihre eigene individuelle Examensnote. Daraus folgt auch der Zeitpunkt Ihrer Anmeldung zum Examen: Melden Sie sich erst dann an, wenn die Noten Ihrer Probeklausuren zumindest einigermaßen Ihren Vorstellungen entsprechen.

Freiheit und Freizeit im Jurastudium und in der Examensvorbereitung!

Dies leitet über zur Freiheit und Freizeit im Jurastudium und in der Examensvorbereitung: Gestalten Sie Ihr Studium und Ihre Examensvorbereitung soweit wie möglich nach Ihren individuellen Vorstellungen und Bedürfnissen. Dazu ein paar Anregungen: Gönnen Sie sich stets genügend Freizeit. Diesen Ratschlag sollten Sie schon deshalb beherzigen, weil Sie nur dann langfristig produktiv lernen können. Zumindest einen Tag sollten Sie selbst in der Höchstphase der Examensvorbereitung komplett frei von Jura halten. Besonders empfehlen kann ich Ihnen sportliche Freizeitaktivitäten, bei deren Ausübung Sie sich auch geistig voll fokussieren müssen und damit ganz „abschalten" können. Täglich sollten Sie sich zudem nach dem Mittagessen eine ausgedehnte Auszeit gönnen. Besonders empfehlenswert ist es, diese Auszeit mit einer Power-Napping-Pause von 15 – 30 Minuten zu beginnen oder zu beenden. Wie viele Studien belegen, steigert das die Leistungsfähigkeit.[1]

1 Ausführlicher mit weiteren Tipps im Einzelnen etwa https://www.aerztezeitung.de/Medizin/Ausgeschlafen-zum-Erfolg-durch-Powernapping-325162.html.

Sie sollten zudem nur Veranstaltungen besuchen, bei denen Sie wirklich etwas mitnehmen. Mittlerweile besteht in den meisten Rechtsgebieten die Möglichkeit, das Lehrveranstaltungsangebot der eigenen Universität flexibel durch Podcasts zu ersetzen oder zu ergänzen.[2] Dabei empfehle ich Ihnen, die Podcasts in 1,5-facher Geschwindigkeit zu hören, um die Konzentration zu steigern.[3] Je weniger Sie auditiv lernen, desto eher weichen Sie auf das Lesen von Falllösungen aus. Wichtig dabei: Gliedern Sie die Lösung zunächst für sich selbst und lesen Sie erst im Anschluss die Lösung durch bzw. hören Sie sich erst im Anschluss die Fallbesprechung an. Dadurch bringen Sie sich das Wissen am besten induktiv selbst bei.[4] Sie sollten zudem unbedingt eine Lerngruppe gründen, weil Sie den Stoff besonders vertieft und langfristig lernen, wenn Sie ihn selbst mündlich erklären müssen. Sie trainieren damit zugleich für Seminarvorträge und die mündliche Prüfung.

Die Zauberformel für den Erfolg: Fälle, Fälle, Fälle!

Besonders zu Beginn des Studiums habe ich zahlreiche Lehrbücher gelesen, da ich große Freude an vertieften wissenschaftlichen Diskussionen hatte und habe. In den Semesterabschlussklausuren und gerade in den Examensklausuren ging und geht es aber stets nur sehr eingeschränkt um wissenschaftliche Diskussionen. Im Vordergrund steht die praktische Lösung eines konkreten Falles.[5] Lehrbücher helfen

2 Vgl. etwa die stets aktualisierte Übersicht unter https://bundesfachschaft.de/themen/selbststudium/ und die Übersicht speziell zu Podcasts der Ludwig-Maximilians-Universität München unter https://www.jura.uni-muenchen.de/studium/e-learning/index.html.

3 Vgl. dazu die Anleitung unter https://www.jura.uni-muenchen.de/personen/s/sagstetter_thomas/podcasts/index.html.

4 Ausführlicher sogleich zur Lernmethode im folgenden Abschnitt.

5 Vgl. etwa auch § 16 Abs. 1 S. 3 JAPO bzw. die entsprechende Norm in Ihrem Bundesland, die man sich immer wieder vor Augen halten sollte: „Bewerber sollen in der Prüfung zeigen, dass sie das Recht mit Verständnis erfassen und anwenden können und über die hierzu erforderlichen Kenntnisse in den Prüfungsfächern

daher bei der Vorbereitung auf Klausuren nur sehr bedingt. Konzentrieren Sie sich von Beginn an auf das Lösen von Fällen. Steigen Sie auch in neue Rechtsgebiete mit kleinen Fällen ein und vertiefen Sie Ihr Wissen gegebenenfalls im Anschluss mit Lehrbüchern bzw. konsultieren Sie Lehrbücher bei Verständnisproblemen. Abgesehen von Seminararbeiten kommt es im Jurastudium und Examen eben letztlich darauf an, wie gut Sie Fälle lösen. Zur vertiefenden Übung sind große Fallbücher besonders zu empfehlen – beispielsweise die Beck'schen Examinatorien, die sich in weiten Teilen mit dem ebenfalls sehr empfehlenswerten und vom Autor selbst besuchten Examinatorium Zivilrecht der Ludwig-Maximilians-Universität München decken.[6] Die Beck'schen Examinatorien enthalten nicht nur Fälle, sondern leiten stets mit komprimierten systematischen Übersichten ein. Für das Strafrecht sind die Klausurenkurse I – III von Beulke besonders empfehlenswert. Generell sehr zu empfehlen ist es zudem, Originalexamensklausuren zu bearbeiten.[7] Generell sollte man zudem zu allen wichtigen Normkomplexen die erste Randnummer in einem Kommentar lesen, um das Verständnis zu schulen und teleologisches Argumentationsmaterial zu sammeln.[8] Ihr Wissen komprimieren Sie in eigenen Skripten. Arbeiten Sie dabei möglichst mit Visualisierungen bzw. Skizzen und

verfügen.", abrufbar unter https://www.gesetze-bayern.de/Content/Document/BayJAPO-16.

6 https://www.examinatorium.jura.uni-muenchen.de/index.html. Vgl. auch die sehr lesenswerten Erfahrungsberichte ehemaliger Teilnehmer mit vielen weiteren Anregungen https://www.examinatorium.jura.uni-muenchen.de/erfahrber/index.html.

7 Bayerische öffentlich-rechtliche Altklausuren werden beispielweise in den BayVBl. veröffentlicht. In der Klausurwerkstatt der Ludwig-Maximilians-Universität München werden ebenfalls bayerische Originalklausuren mit Sachverhalt und Lösung online zur Verfügung gestellt und besprochen https://www.jura.uni-muenchen.de/studium/pruefungstraining/examenstraining/klausuren-modul/klausurwerkstatt/index.html.

8 Vgl. beispielsweise zu §950 BGB MüKoBGB/*Füller*, 8. Aufl. 2020, BGB §950 Rn. 1-3 m. w. N.

legen Sie Gemeinsamkeiten und Unterschiede offen, um Synergieeffekte zu erzielen.[9]

9 Vgl. dazu als Ausgangspunkt die Übersichten und Skripten unter https://www.jura.uni-muenchen.de/personen/s/sagstetter_thomas/uebersichtenn1/index.html. Vgl. insbesondere die Übersicht über die Gemeinsamkeiten und Unterschiede von Kaufvertrags-, Werkvertrags- und Mietrecht in dem Dokument „Poster Schuldrecht BT“.

Schrödingers Patentrezept

Helena Thiel (Referendarin am Hanseatischen Oberlandesgericht; Erstes Juristisches Staatsexamen 2019)

„Was Du jetzt nicht weißt, wird so kurz vor der Klausur auch nicht mehr hängen bleiben!“ – diesen oder einen ähnlichen Satz habe ich bereits während meiner Schulzeit und auch mein gesamtes Studium über immer wieder zu hören bekommen. Seitdem ich mich erinnern kann, habe ich mir meine Lernunterlagen noch bis zur letzten Minute vor der jeweiligen Klausur angesehen. Dabei wiesen mich zuhause Familienmitglieder oder Mitbewohner/innen, in der Schule Mitschüler/innen und in der Uni Mitstudierende stets darauf hin, dass es nichts bringen würde, sich am Abend und in den Stunden bzw. Minuten unmittelbar vor einer Klausur noch Inhalte anzusehen, die möglicherweise abgefragt werden. All diesen Menschen ist insoweit Recht zu geben, als dass man in einer Klausur wohl kaum mit Rechtsfragen, wie „der Anfechtbarkeit der nach außen kundgetanen Innenvollmacht“ oder „der rechtsfolgenverweisenden eingeschränkten Schuldtheorie zum Erlaubnistatbestandsirrtum“ wird umgehen können, wenn man sich mit diesen erst am Klausurvorabend oder Klausurtag selbst zum ersten Mal auseinandersetzt. Allerdings hat es sich mir nie erschlossen, welchen Nachteil es haben sollte, bereits behandelte Inhalte bis zur letzten Gelegenheit zu wiederholen. Damit meine ich nicht, dass man ohne Pausen und ausreichend Schlaf bis zu einer Klausur durchlernen, sondern dass man, wie bei vielen Dingen im Leben – und das gilt insbesondere für das

Jurastudium –, manchmal lieber auf das eigene Gefühl als auf andere hören sollte.

Viele meinen, dass die Durchsicht von Unterlagen kurz vor einer Klausur nur „verrückt“ machen würde und man seinem Kopf daher lieber Ruhe gönnen sollte. Zur Ablenkung hören die einen motivierende Musik, wiederum andere gehen eine schnelle Runde um den Block. Mich persönlich hat es allerdings stets eher beruhigt, mir die möglicherweise klausurrelevanten Inhalte und insbesondere diejenigen, die ich mir nicht sicher merken konnte, bis zur letzten Gelegenheit anzusehen. Dabei war mir klar, dass ich dadurch sehr wahrscheinlich nicht mehr Stoff verinnerlichen würde, als ich bereits getan hatte. Auch wenn mir das Wiederholen unmittelbar vor einer Klausur teilweise vorhandene Lücken vor Augen geführt hat, gab es mir eine gewisse Sicherheit, zumindest die Kernaspekte für die Lösung eines Klausurproblems schnell abrufen zu können. So blieb mir meinem Empfinden nach mehr Zeit für die Herleitung von Details, deren Abrufen etwas mehr Anstrengung erforderte oder die ich schlicht nicht wusste.

Lernen zu akzeptieren und damit umzugehen, dass man nicht alles wissen kann, was für die Lösung eines Falls erforderlich ist, sondern sich dies teilweise herleiten muss, war für mich eine der größten Herausforderungen des Jurastudiums. Aus der Schulzeit war ich es gewohnt, eine klar umgrenzte Stoffmenge für eine Klausur auswendig zu lernen und damit stets eindeutig darauf abgestimmte Aufgabenstellungen relativ leicht bewältigen zu können. Bereits bei meiner ersten Klausur im Jurastudium (Strafrecht I – Allgemeiner Teil und Nichtvermögensdelikte) hatte ich das Gefühl, zwar so viel Lernaufwand wie für all meine Abiturklausuren zusammen investiert zu haben, aber letztlich vor einem Fass ohne Boden zu stehen. Zwar werden Teilrechtsgebiete wie das meiner ersten Klausur auch losgelöst vom gesamten Rechtsgebiet in sich schlüssig in Vorlesungen, Lehrbüchern und Beispielfällen behandelt. Dennoch wird immer deutlich, dass der Prüfungsaufbau, die Theorien zu einzelnen Rechtsfragen und die Argumentation für die Einzelfalllösungen auf einer Gesamtbetrachtung aller relevanten Aspekte des übergeordneten Rechtsgebiets beruhen.

Während der Vorbereitung auf die ersten Klausuren meines Studiums hatte ich stets das Gefühl, den Stoff der Teilrechtsgebiete nicht richtig zu durchdringen und daher auch nicht vollends verstehen und mir merken zu können. Ich verlor dadurch beim Lernen häufig die wesentlichen Aspekte aus den Augen und mich in Details, da ich versuchte, jedem Satz in einem Lehrbuch auf den Grund zu gehen. Das hat mich letztlich gelähmt, da ich merkte, dass dies vor einer Klausur nicht zu schaffen war und ich nicht mehr wusste, wo und wie ich weitermachen soll. Ich musste meine Lernstrategie also umstellen. Meine Mitstudierenden lasen meist ein Lehrbuch und/oder Skript und versuchten sich sodann daran, Fälle zu dem jeweiligen Teilrechtsgebiet zu lösen. Aufgrund meiner Frustration bei der Arbeit mit Lehrbüchern entschied ich mich dazu, es direkt mit Fallbüchern zu probieren. So konnte ich natürlich noch keine Falllösung selbst erarbeiten, jedoch fiel es mir durch das bloße Durcharbeiten der Lösungsvorschläge deutlich leichter, die juristische Arbeitsweise nachzuvollziehen. Zwar finden sich auch in Lehrbüchern viele Fallbeispiele, die allerdings meist allein auf das im jeweiligen Abschnitt behandelte Thema zugeschnitten sind und ohne ein gewisses Grundverständnis für mich nicht auf einen mehrere Problemstellungen umfassenden Klausurfall übertragbar waren. Umgekehrt konnte ich in den Lehrbüchern bei Fragen, die die Lösungsvorschläge in den Fallbüchern aufwarfen, aufgrund des Einzelfallkontexts für mich nun nachvollziehbare Erläuterungen finden. Durch dieses Vorgehen konnte ich mir einerseits Stück für Stück theoretisches Grundwissen erarbeiten, welches mir zuvor so unzugänglich erschien. Andererseits merkte ich dabei auch, dass man mit der Zeit ein Gespür dafür entwickelt, Klausurfälle auch lösen zu können, wenn man sich mit einer unbekannten Rechtsfrage konfrontiert sieht.

Schließlich konnte ich mich durch die Beschäftigung mit einem Fall auch eher zum Lernen motivieren als mit der Aussicht auf das reine Lesen eines Lehrbuchs. Irgendjemand gab mir einmal den Tipp, mir nach dem Lesen eines Sachverhalts zu notieren, was nach meinem ersten Bauchgefühl und ganz laienhaft ausgedrückt die Antwort auf die jeweilige Fallfrage sein sollte (z. B. „A hat sich strafbar gemacht“, „B muss zahlen“ oder „C darf bauen“). Dadurch wurde bei mir bereits ein gewisses Interesse geweckt zu schauen, ob dieses Empfinden auch juristisch bestätigt werden kann und sollte dies nach dem Lösungsvorschlag nicht der Fall sein (was selten so war), woran dies liegt.

Das Verstehen des jeweils klausurrelevanten Stoffs anhand der Bearbeitung von Fällen und das Nachschlagen einzelner Aspekte in Lehrbüchern war allerdings nur der erste Schritt. Dabei musste ich mir zudem überlegen, wie ich die neu erlernten Inhalte für mich zum Wiederholen am besten aufbereiten sollte. Ich merkte schnell, dass mich das von vielen meiner Mitstudierenden vorgenommene Anfertigen von Karteikarten eher aufhielt, als mir die erhoffte Gedächtnisstütze zu bieten. Ähnlich wie bei dem Versuch, mir ein Teilrechtsgebiet zunächst mit einem Lehrbuch zu erschließen, fehlte mir bei dem Notieren aus dem Kontext gerissener Einzelfallprobleme auf Karteikarten die Verknüpfung zum „großen Ganzen“, die ich zur nachhaltigen Verankerung des Lernstoffs im Gedächtnis benötigte. Um mir einen für alle jeweils relevanten Aspekte umfassenden Überblick verschaffen zu können, begann ich damit, die mir beim Durcharbeiten der Fälle begegneten Probleme zusammengefasst unter den abstrakten Prüfungspunkten der allgemeinen Schemata zu notieren. Da ich das Bedürfnis, „Alles“ erfassen zu wollen, nie ganz ablegen konnte, schleppte ich immer alle Materialien, bei denen ich meinte, etwas zu den zur jeweiligen Übersicht gehörenden Aspekten gelesen zu haben, an meinen jeweiligen Arbeitsplatz in der Bibliothek oder anderswohin. Auch dies blieb häufig nicht unkommentiert, gab mir jedoch das gute Gefühl, bei einem „Da war doch was"-Gedanken alle relevanten Unterlagen dabei zu haben und diesen umgehend und schnell verfolgen zu können. Mein Arbeitsplatz sah deshalb aufgrund der zahlreichen aufgeschlagenen Bücher und Skripte zwar immer sehr chaotisch aus, ich konnte so allerdings auf einen Schlag die für mich relevanten Informationen zu einem Themenbereich selektieren.

Die bei diesem Vorgehen zunächst lediglich als Schmierzettel angefertigten Übersichten wurden mit der Zeit immer umfangreicher und detaillierter. Der ursprüngliche Plan, aus den zusammengeklaubten Inhalten „saubere" Lernunterlagen anzufertigen, verlor an Bedeutung, als ich merkte, dass ich die Inhalte mittlerweile auch so schon abrufen und auch auf andere Fälle übertragen konnte. Die Schmierzettel haben sich mir bis heute zumindest im Groben eingeprägt. Beispielsweise weiß ich genau, dass sich in meinem Ordner mit den Unterlagen zum Sachenrecht ein loser, zerknitterter Zettel mit kreuz und quer notierten Konstellationen und Problemen beim rechtsgeschäftlichen Eigentumserwerb findet. Auch diesen ging ich noch in der eingangs erwähnten letzten Minute vor dem Einlass in den Prüfungssaal zur Zivilrecht-I-Klausur im Staatsexamen durch.

Zusammengefasst habe ich während des Jurastudiums also insbesondere gelernt, dass man nicht immer alles so machen muss, wie andere es tun. Man mag sich nun sicherlich denken, dass man für diese Erkenntnis keinen Ratgeber lesen muss. Es ist auch gemeinhin bekannt, dass es die verschiedensten Lerntypen gibt und es seine Zeit braucht herauszufinden, welches Vorgehen beim Lernen für einen selbst am besten funktioniert. Meinem Empfinden nach orientiert man sich im Jurastudium allein aufgrund der schieren Masse an

Stoff, der man irgendwie Herr werden muss, dennoch häufig daran, wie die meisten dabei vorzugehen scheinen. Dies will ich auch gar nicht verteufeln, denn die klassischen Lernmethoden wären nicht so bekannt und vielfach angewandt, wenn sie sich nicht bewährt hätten. Was ich nur gemerkt habe, ist, wie schwer es einem fallen kann, sich vom Strom der Mitstudierenden, die mit diesen Methoden gut klarkommen, zu lösen und andere Dinge auszuprobieren.

Damit möchte ich nicht sagen, dass man sich von seinen Mitstudierenden abgrenzen sollte. Im Gegenteil – insbesondere der Austausch mit anderen hat mich stets nach vorne gebracht. Als mich einige Mitstudierende fragten, ob wir eine Lerngruppe gründen wollten, hielt ich dies zunächst für ein Himmelfahrtskommando, da ich wusste, dass sie beim Lernen völlig anders vorgingen als ich. Es dennoch zu versuchen, war eine der besten Entscheidungen während meines Studiums. Aus zwei Stunden mit zwar oftmals auch anstrengenden Diskussionen konnte ich oft mehr mitnehmen als aus einem ganzen Tag Selbststudium. Meiner Erfahrung nach macht letztlich also wirklich nur Versuch klug. Und ist es nicht insbesondere diese Eigenschaft, die Jurastudierende jedenfalls insgeheim für sich beanspruchen?

Nichts für Langschläfer

Eva Viethen (Referendarin am Hanseatischen Oberlandesgericht Hamburg; Erstes Juristisches Staatsexamen 2018)

Vorweg ein Warnhinweis an diejenigen unter Euch, die gerne länger schlafen und dafür zu fortgeschrittener Tages- und Nachtzeit besonders produktiv sind: Frühes Aufstehen spielt eine wichtige Rolle in meinen Lern-Tipps. Für alle, die jetzt noch nicht weitergeblättert haben: Schön, dass Ihr dabei seid und lasst uns loslegen – wir haben keine Zeit zu verlieren. Was folgt, ist meine Strategie für eine erfolgreiche Examensvorbereitung. Gemeinsam mit den übrigen Beiträgen in diesem Buch kann sie Euch hoffentlich dabei helfen, Eure ganz persönliche Strategie zu entwickeln.

Pausen machen und sich etwas gönnen

Eine erfolgreiche Examensvorbereitung steht und fällt mit psychischer Stärke. An dieser Stärke zehren nicht nur das tägliche Lernen, sondern auch das häufige Nein-Sagen zu unterhaltsameren Beschäftigungen und vielem mehr. Umso wichtiger ist es, Pausen zu machen.

Was wie ein no-brainer klingt, hat meiner Meinung nach eine tiefere Ebene: Damit Pausen auch wirklich ihren Zweck erfüllen, muss man sie sich gönnen. Der Kopf muss wissen, dass es okay ist, dass er während der Pause nicht lernt. Sonst beschäftigt ihn – zumindest unterbewusst – ständig die quälende Frage, ob jetzt nicht vielleicht doch noch die eine oder andere Konstellation im Bereicherungsrecht verinnerlicht werden könnte. Genau diese Frage muss man sich aber gar nicht stellen, da die Pause als solche einen maßgeblichen Beitrag zum Lernen insgesamt leistet und auch als solcher verstanden werden muss. Wer sich zu viele Pausen gönnt, wird aber natürlich kaum das Examen bestehen. Wie also definiert man, wann man sich eine Pause gönnen – sie also ohne schlechtes Gewissen genießen – darf?

Sich Pausen verdienen

Meine Erfahrung ist, dass ich mir eine Pause immer dann gönne, sie also immer (und auch nur) dann ihren Zweck erfüllt, wenn ich sie mir *verdient* habe. Verdienen bedeutet, eine Entschädigung für geleistete Arbeit zu erwerben.[1] Etwas zu verdienen setzt also Arbeit voraus. Soweit so gut.

Wer aber legt fest, wann man die Entschädigung erworben, also wann man sich die Pause verdient hat? Ich selbst – und zwar, indem ich einen Lernplan erstelle. Schon wieder ein no-brainer. Der Lernplan sollte dabei aber eben nicht nur festlegen, wann man was lernt, sondern auch, wann man Pausen macht. Und mit Pausen meine ich alles von der Mittagspause bis zum verlängerten Wochenendtrip.

Den Lernplan würde ich direkt zu Beginn für den kompletten Zeitraum erstellen, den ich für die Examensvorbereitung vorgesehen habe. Dazu kann man sich zunächst anhand der zur Verfügung stehenden Literatur ein Bild davon machen, was man inhaltlich bis zum Examen gelernt haben sollte und – z. B. anhand der Seitenzahl der zugehörigen Lehrbücher – in welchem Verhältnis die Themen vom Umfang her zueinander stehen (danach dürfte z. B. Schuldrecht AT verhältnismäßig mehr Zeit in Anspruch nehmen als Erbrecht).

Anschließend teile ich die Inhalte anhand der festgestellten Verhältnisse auf die zur Verfügung stehende Zeit auf. Ich

1 https://www.duden.de/rechtschreibung/verdienen, abgerufen am 20.6.2020.

würde also jetzt schon festlegen, dass z.B. im Mai Schuldrecht BT und Polizei- und Ordnungsrecht dran sind, im Juli Sachenrecht und Baurecht etc. Wenn man ein Repetitorium besucht, bietet es sich natürlich an, die Inhalte dementsprechend zu sortieren. Auch sollte man den einen oder anderen mehrtägigen lernfreien Zeitraum vorsehen, um mal den Kopf frei zu bekommen (dazu unten mehr).

Beginnt dann ein neuer Abschnitt/ein neuer Monat, lege ich zu Anfang fest, womit ich mir die Inhalte erarbeiten will. Das festgelegte Arbeitspaket teile ich dann wiederum auf den vorgesehenen Zeitabschnitt auf und berechne, wie viel ich pro Woche schaffen muss, um im Plan zu bleiben. Entsprechend gehe ich am Anfang jeder neuen Woche für die einzelnen Wochentage vor. Ich lege also immer Zeitfenster und zugehörige Arbeitspakete fest.

Damit steht nicht nur fest, wie viel ich pro Stunde/Tag/Woche/Monat schaffen muss, sondern eben auch, wann mein Soll erfüllt und damit die Pause verdient ist. Ich habe meinen Fortschritt stets im Blick und weiß ganz genau, was noch zwischen mir und der nächsten verdienten Pause liegt.

Steht der Lernplan, kann man seinen Kopf dahingehend „auf Autopilot stellen". Das mag vielleicht etwas stumpf klingen, ist aber sehr effizient, da man auf diese Weise die Anzahl der täglich notwendigen – und oft zeitraubenden – Entscheidungen auf ein Minimum reduziert.

Mit dieser Methode kann man außerdem gut verhindern, sich gegebenenfalls durch zeitintensives Trödeln fälschlich Produktivität vorzugaukeln: Denn ob die Pause verdient ist, hängt nicht davon ab, wie viel Zeit ich am Schreibtisch gesessen, sondern ob ich die von meinem Plan vorgesehenen Inhalte bearbeitet habe.

Pausen nutzen

Je mehr man sich auf die Pause freut, desto produktiver arbeitet man darauf hin. Mich spornt immer die Aussicht auf ein Eis oder auf ein paar schöne Stunden mit Freunden am Ende des Arbeitstages an. Das gilt natürlich umso mehr fürs Wochenende oder den Kurztrip, den man durchaus auch in der Examensvorbereitung machen darf. Das sind keine faulen Stunden oder Tage, die einem im Examen auf die Füße zu fallen drohen, sondern im Gegenteil wichtige Bestandteile einer erfolgreichen Vorbereitung. Nehmt Euch also etwas Schönes vor und belohnt Euch immer wieder für die harte Arbeit zwischen den Pausen! So schafft Ihr Erlebnisse und Erinnerungen, die über den Schreibtisch hinaus gehen und verhindert den Eindruck, dass das Leben wirklich nur noch aus Lernen besteht.

Meine Meinung zum Thema Pausen habe ich nun hinreichend deutlich gemacht. Nun stellt sich aber natürlich die berechtigte Frage, woher man die Zeit für diese Pausen nehmen soll. Dazu komme ich im Folgenden.

Carpe diem

Der Wecker klingelt um 6 Uhr, kein Snooze. Aufstehen und direkt die Karteikarten in die Hand nehmen, die man am Abend vorher rausgelegt hat. Dann zwei Stunden Karteikarten wiederholen und im Anschluss Frühstückspause, Duschen etc.

Für mich sind die ersten beiden Stunden nach dem Aufstehen ein bisschen wie Gleis 9¾ bei Harry Potter. Man befindet sich noch nicht so richtig in dieser Welt und genau das macht den Reiz aus. Wenn die übrige Welt erwacht ist, hat man schon zwei Stunden gelernt, ohne dass der Tag überhaupt richtig begonnen hat. In dieser Zeit kann man perfekt das wiederholen, was man am Vortag auf Karteikarten geschrieben hat und so das Wissen festigen.

Nach der ersten Pause geht dann um 9 Uhr die zweite Einheit los. Diesmal vier Stunden bis zum Mittagessen. Nach einer einstündigen Pause folgt am Nachmittag die dritte und letzte Einheit. Um 18 Uhr ist Feierabend. 18 Uhr scheint vielleicht früh, aber wenn Ihr tatsächlich um 6 Uhr angefangen und seitdem mit Ausnahme der Pausen konzentriert gearbeitet habt, dann habt Ihr ein 10-Stunden-Lernpensum hinter Euch. Den Feierabend habt Ihr Euch verdient!

Hilfreich ist es übrigens, sich die intensivste Phase der Vorbereitung in den Sommer zu legen. Die Tage sind im Sommer einfach viel länger und damit bleibt auch mehr Zeit, den Feierabend zu genießen. Natürlich ist es rein rechnerisch genauso viel Zeit wie im Winter, aber man ist im Sommer doch meist viel eher geneigt, den Abend noch zu nutzen. Sei es für eine Radtour, einen Spaziergang zur Eisdiele oder ein Abendessen mit Freunden. Auch ist es viel leichter, um 6 Uhr wach und aufnahmefähig zu sein, wenn es draußen schon hell ist.

Fazit

„Carpe Diem" klingt vielleicht etwas abgedroschen, stimmt aber nach wie vor. Deshalb mein Vorschlag an Euch: Macht diesen Satz zum Motto Eurer Examensvorbereitung. Ja, die Examensvorbereitung ist zeitintensiv. Aber ein Tag hat 24 Stunden und wenn Ihr 10 Stunden lernt, dann bleiben brutto noch 14 Stunden übrig. Natürlich müsst Ihr auch schlafen, aber Ihr wisst, was ich meine: Wenn Ihr konzentriert arbeitet, muss der Tag nicht ausschließlich aus Lernen bestehen, sondern auch aus *verdienten* Pausen. Und genau das sollte die Motivation dafür sein, konzentriert zu arbeiten.

Last but not least: Lasst Euch nicht verrückt machen. Ihr müsst nur einen Lernplan befolgen und zwar Euren eigenen.

Ist der solide erstellt, dann vertraut auch darauf. Haltet die Ohren offen für gute Anregungen, aber stellt nicht Euer Konzept in Frage, weil der Bib-Nachbar mehr/weniger/ander(e)s lernt.

Eine Frage der Ehre, Marie Kondo und die 4-Tage-Woche

Isabell Weaver, LL.M. (Georgetown) (Rechtsanwältin bei Baker & McKenzie Partnerschaft von Rechtsanwälten und Steuerberatern mbB; Attorney at Law (New York); Zweites Juristisches Staatsexamen 2014)

Ich komme von der Sonnen-Insel Usedom. Meine Eltern haben nach der Wende schnell rüber gemacht. Zur Schule gegangen bin ich im Bergischen Land. Ich war fleißig, meine Lieblingsfächer auf dem Gymnasium waren Latein und Deutsch. Ich habe schon als Kind zu viele amerikanische Justiz-Dramen und Serien geschaut, später zum Englischlernen John Grisham gelesen. Ich erinnere mich, dass mich Tom Cruises Kreuzverhör von Jack Nicholson in dem Film „Eine Frage der Ehre" so beeindruckt hatte, dass ich mit neun Jahren beschloss, später einmal Jura zu studieren. Auf dem Weg dahin habe ich mein erstes Praktikum daher in der achten Klasse bei einer Kanzlei mit sieben Anwälten gemacht und schnell erkannt, dass es wichtig ist, vernünftigen Kaffee kochen zu können und sich mit den Sekretärinnen gut zu verstehen. Dies sind schon einmal zwei Tipps für das spätere Berufsleben.

Jetzt zum eigentlichen Thema, dem Jurastudium: Die ersten Semester meines Studiums habe ich mich gequält. Mir gefielen die passiven Vorlesungen mit 400 Leuten nicht. Allein die Arbeitsgemeinschaften (AGs) fand ich interessant, weil hier Fälle gelöst wurden. Ich wollte immer Fälle lösen. Kann der siebenjährige Anton den Fernseher (heute wäre es wohl ein iPhone), den er von seinem Taschengeld gekauft hat, behalten oder muss er ihn wieder herausgeben? Zudem ist die beste Probe deines Wissens die AG. Idealerweise sind deine Mitstreiter alle noch schlauer als Du und Du kannst von ihnen lernen. Ich organisierte mir daher ab dem vierten Semester zwei private AGs pro Woche, je ca. 2 – 3 Stunden. Eine Gruppe war sehr organisiert, wir hatten für jede Woche ein „Programm" und es wurden Definitionen heruntergerasselt und im Akkord Fälle gelöst. Jeder hat zudem für jede Woche drei aktuelle Urteile vorbereitet und vorgestellt. Da die meisten Klausuren auf echten Fällen, d. h. Urteilen beruhen, ist das Lesen, Verstehen und das Vorstellen von Urteilen Gold wert. Hier gilt, je skurriler die Urteile, desto besser. Man kann sie sich einfach besser merken. Einige Klassiker zum Grübeln und ggf. Nachlesen: Verkauf eines Zuchthengsts mit „defekten" Hoden, anfängliche Unmöglichkeit? Verkauf zu kleiner Pizza, Strafbarkeit wegen Betrugs? Zwei Einzelbetten auf der Hochzeitsreise, Reisemangel? Es gibt auch einige Urteile in Gedichtform. Die andere AG war eher eine Art Debattier-Club, hier gab es hitzige Diskussionen und wir tranken während des Lernens/Diskutierens auch schon mal ein paar Bier. Aus beiden AGs habe ich viel mitgenommen und kann deshalb nur jedem die Extraarbeit empfehlen.

Ich bin eine Schwimmerin und habe zwölf Jahre Leistungssport gemacht. Noch heute liebe ich es, wichtige Entscheidungen in der Stille unter Wasser zu treffen. Schwimmen ist Sport und Meditation, es gibt keine Ablenkung. Man kann unter Wasser schön den Kopf aufräumen. Stichwort „Aufräumen": Ich habe fast immer zuhause am eigenen Schreibtisch in meinem klitzekleinen WG-Zimmer gelernt. Mein Feind, die Ablenkung. Jeden Morgen und jeden Abend habe ich daher aufgeräumt. Ganz nach dem Motto von Marie Kondo „Aufräumen verändert Dein Leben". Der Schreibtisch muss am Ende des Tages leer sein. Auch nach jedem Wechsel des

Rechtsgebiets wurde aufgeräumt. Die Gesetze, Kommentare, Lehrbücher und Mitschriften wurden wieder ins Regal geräumt und die nächste Runde, das nächste Rechtsgebiet, auf dem Schreibtisch drapiert.

Ein Tipp am Rande: Oft hatte ich keine Lust (mehr) zum Lernen, dann habe ich einfach das Gesetz gelesen. Ich habe das BGB, die ZPO, das HGB, das GG, die BauO, das BauGB, das VwVfG, das StGB und die StPO mehrfach gelesen. Das ist schon sehr hilfreich, weil man in der Klausur ja nur das Gesetz zur Hand und Hilfe hat. Wenn man es tatsächlich mehrfach gelesen hat, findet man die einschlägigen Normen und Normketten viel schneller wieder. Außerdem findet man beim Lesen auch manche skurrile Norm, wie die §§ 961 ff. BGB zu Bienenschwärmen.

Ich habe mein ganzes Studium und den überwiegenden Teil des Repetitoriums nur montags bis donnerstags gelernt. Freitags hatte ich höchstens noch eine private AG. Das intensive Lernen an vier Tagen die Woche war (für mich) völlig ausreichend. Wenn man sich zusammenreißt, schafft man an vier Tagen genauso viel wie an fünf Tagen. Ich war am Montagmorgen motivierter, da ich wusste, am Donnerstagabend fängt ja schon das Wochenende an. Ab dem Repetitorium fing ich um 8 Uhr an und lernte meist bis 21 Uhr, mit einer Stunde Mittagspause und einigen Kaffeepausen, manchmal auch einem kurzen Mittagsschlaf. An zwei Tagen die Woche bin ich meist zum Uni-Sport gegangen und hab danach noch ein bisschen gelesen. Ich habe nie übermüdet gelernt, das bringt gar nichts. Wenn ich mittwochs feiern war – mittwochs war aus unerfindlichen Gründen in Münster der Tag, an dem die Studenten feiern gingen – dann wurde mein Donnerstag eben Katertag und Freitag wurde weiter gelernt.

Wenn mir ausnahmsweise zuhause die Decke auf den Kopf fiel, bin ich doch in die Bibliothek gefahren zum Lernen. Allerdings fast nie in die Jura-Bib, sondern meist bei mir um die Ecke zu den Sozialwissenschaftlern. Da war es fast immer leer und ziemlich ruhig. Die Sozialwissenschaftler kamen (gefühlt) erst um 11 Uhr, gingen von 12 – 14 Uhr Mittagessen und um 15 Uhr war dann überhaupt niemand mehr da. Ein paar meiner AG-Kollegen schlossen sich mir an, sodass wir Juristen oft ein ganzes Stockwerk „bewohnten". Netterweise machte die SoWi-Bib auch schon um 20 Uhr zu, sodass man tatsächlich ein Ende finden musste mit dem Lernen. Zudem gab es in der Kantine direkt neben der SoWi-Bib leckere Butterbrezen und Muffins – ich brauchte immer viel Nervennahrung beim Lernen.

Last but not least: Es gibt eine Welt jenseits des Jurastudiums. Ich habe während des Studiums verschiedene Nebenjobs gehabt. Ich habe in der Herrenabteilung von Esprit gearbeitet und im Weihnachtsgeschäft bei Douglas kassiert. Beim Uni-Sport kann man von Kanufahren, Fechten bis Yoga zahlreiche Sportarten einmal für wenig Geld ausprobieren und ganz nebenbei ein paar Nicht-Juristen kennenlernen und sich über andere Dinge als Jura unterhalten. Das tut dem Kopf und der Seele gut. Ein guter Jurist wird man, indem man mit viel Ausdauer und Spaß lernt und lebt. In diesem Sinne, wünsche ich Dir viel Spaß und Ausdauer beim Jurastudium.

Zehn gemischte Hacks für das Jurastudium

Max Wehmeier (Rechtsanwalt bei ALPMANN FRÖHLICH Rechtsanwaltsgesellschaft mbH; Erstes Juristisches Staatsexamen 2011)

Wer mich kennt – ich weiß, Sie kennen mich nicht, das tut jetzt aber nichts zur Sache –, der weiß, dass ich mich für lustig und humorvoll halte. Humor braucht man auch, wenn man Jura studiert. Insofern sind Sie bei meinem Beitrag genau richtig.

Ich war und bin kein Fan des Jurastudiums (das ist jetzt aber ernst gemeint ...). Für mich ist der Anteil der praktischen Ausbildung zu gering. Das wird im Referendariat zwar besser, hilft Ihnen aber natürlich an dieser Stelle nicht weiter. Wer aber eher praktisch veranlagt ist und vor allem Rechtsanwalt werden will, den ermutige ich: Bleiben Sie dran! Es wird besser! Und macht sogar richtig Spaß!

Mir haben die folgenden Herangehensweisen geholfen (wobei die nachstehende Reihenfolge nicht nach einer Priorisierung erfolgt ist, so ist #hack6 durchaus genauso wichtig wie #hack1 usw.).

#hack1: Let's talk about it

Die ersten Semester bestehen aus Vorlesungen und AGs. Als ich studiert habe, waren Vorlesungen tatsächlich das, was der Name verspricht. Meine Mitschriften aus den selbigen waren nicht wirklich brauchbar. Viel mehr haben mir die AGs gebracht, wo deutlich mehr gesprochen und aktiv kommuniziert wurde. (Das Gleiche gilt im Übrigen auch für das Repetitorium, s. #hack4). Es hilft, über juristische Probleme zu reden – so ist auch der Lerneffekt größer. Private Lern-AGs habe ich damals noch belächelt, das würde ich heute nicht mehr tun. Redet drüber!

#hack2: Mehr Skripte!

Ich habe eher zu spät als zu früh auf Skripte gesetzt. Dort sind die examensrelevanten Themen und vor allem Schemata graphisch aufgearbeitet und prägnant zusammengefasst. Lehrbücher sind oft zu theoretisch und zu umfangreich, auch wenn der herausgebende Professor, der das Buch in seiner Vorlesung (vgl. hierzu aber #hack1) vorstellt, dies vielleicht anders sieht. In – guten – Skripten wird das Problem in wenigen Sätzen, aber dennoch detailliert dargestellt und vor allem examensrelevant aufbereitet. Das größte theoretische Grundwissen hilft Ihnen nichts, wenn Sie dieses nicht auf den konkreten Fall anwenden können. Sollten Sie noch ganz am Anfang Ihres Studiums stehen, vergleichen Sie mal Lehrbücher und die gängigen Skripte, z. B. zu BGB AT. Ich vermute, dass Sie ganz begeistert vom Skript sind, oder? Gern geschehen!

#hack3: Sich treu bleiben

Eigentlich sollte das unter #hack1 stehen, aber es gibt hier ja keine Priorisierung, s. o. Es klingt banal. Und es könnte auch aus einem schlechten Psychologie-Buch stammen, aber: bleiben Sie sich treu! Aus einer eher introvertierten Person holt man keinen Entertainer raus. Showmaker sollten nicht zu Laborratten umerzogen werden. Ihr eigener Stil, sei es beim Lernen, beim Hausarbeiten/Klausuren schreiben oder bei der Auswahl Ihrer Studienpraktika, ist meistens für den Erfolg der richtige. Natürlich sollten Sie offen für andere Methoden sein und Tipps entgegennehmen (nochmals Danke, dass Sie diesen Beitrag lesen!), aber wenn Sie mit sich im Reinen sind, fällt auch das Studium leichter.

#hack4: „Muss man ins Rep?" – „Ja, verdammt! (Wenn die Dozenten gut sind)"

Ich zitiere einen ehemaligen Repetitor von mir: „Ich habe Jura erst im Rep verstanden!" So bitter das klingt, mir ging es größtenteils genauso. Dabei beschränkt sich diese Aussage natürlich nicht nur auf die privaten Reps; mittlerweile bieten viele Universitäten sehr hilfreiche und gut strukturierte Rep-Kurse an. Ich habe dennoch ein privates Rep besucht und meinen damaligen Dozenten sehr viel zu verdanken. Diese sind das Salz in der Suppe: Nur wenn die Dozenten den Stoff gut vermitteln, hilft das Rep. Zudem kann hier ggf. auch die Tatsache, dass das private Rep Geld kostet, ein „Boost" für die Motivation sein – „unter Druck entstehen die schönsten Diamanten". Wenn Ihnen der kommunikative Weg mehr zusagt (#hack1), ist das Rep der richtige Weg. Nutzen Sie die Gelegenheit und hören Sie Probe. Plus: Hier gibt es tolle Skripte, vgl. #hack2.

#hack5: Rechtsprechung lesen!

Sehr banaler und fast schon frecher Hinweis, aber: Fast alle Examensfälle sind höchstrichterlichen Entscheidungen nachempfunden. Lesen, analysieren, verstehen Sie daher – insbesondere direkt vor dem Examen – die aktuelle Rechtsprechung. Das sind zwar die Basics, aber mit dem richtigen Verständnis der Basics kommen Sie sehr weit!

#hack6: A little party never killed nobody

Auch mal Pause machen. Und feiern. Und kein schlechtes Gewissen haben. Den Kopf frei zu bekommen, hilft. Aber nicht übertreiben: Die Examensvorbereitung ist lang, zäh und erfordert hohe Selbstdisziplin. Dazu gehört, auch mal den Kopf auszuschalten.

#hack7: Das richtige Maß finden

Dieser tolle #hack7 schließt an #hack4 und #hack6 an: Egal, wie viele Lernstunden andere absolvieren. Egal, ob andere sich samstags zum Klausurenkurs schleppen und danach noch in die Bib gehen. Zu viel ist nicht immer richtig! Machen Sie eher eine Art „Spiel" daraus: Meine Jungs und ich haben in der Bibliothek das sogenannte „Aussitzen" perfektioniert. Wenn sich jemand verabschiedete, gab es natürlich direkt Sprüche „Das ist ja krass, Du gehst schon?!" oder „Dich sehe ich noch nicht im Examen!" Warten Sie mal im Foyer, vielleicht nur 5 Minuten. Ihre Freunde kommen bestimmt auch direkt nach ...

#hack8: Klausuren schreiben!

Old, but Gold, vgl. #hack5. Schreiben Sie so viele Klausuren wie möglich. Und sei es auch nur stichwortartig. Im Examen gibt es keine Multiple-Choice-Fragen (hallo, Mediziner!). Die richtige Klausurtechnik für sich finden Sie nur durch häufiges Wiederholen. Also: Eat, sleep, write, repeat!

#hack9: Auswendig lernen bringt's!

Bei dieser Aussage schwingt natürlich ein gewisser Sarkasmus mit, aber: Gerade im öffentlichen Recht oder auch im Strafrecht können Prüfschemata, die Sie im Kopf abspeichern, sehr viel dazu beitragen, dass Sie eine aussichtslos erscheinende Klausur souverän meistern.

#hack10: Machen Sie sich nicht verrückt!

Das Jurastudium fordert. Extrem sogar. Machen Sie sich aber nicht verrückt, Sie schaffen das.

Failing to plan is planning to fail

Leonie Wittershagen (Doktorandin an der Universität Passau sowie Wissenschaftliche Mitarbeiterin bei Baker & McKenzie Partnerschaft von Rechtsanwälten und Steuerberatern mbB; Erstes Juristisches Staatsexamen 2019)

Ich begann damals das Jurastudium an der Universität Freiburg, ohne im Detail zu wissen, was auf mich zukommen wird. Obwohl mir das Studium ganz gut gefiel, hat sich mir die Rechtswissenschaft ehrlichweise erst in der Examensvorbereitung wirklich erschlossen. Dies liegt meiner Einschätzung nach zum einen an dem Aufbau des Jurastudiums, zum anderen aber vor allem an der Art und Weise, wie ich während des Studiums (bis zur Examensvorbereitung) gelernt habe. So fasste ich pro Rechtsgebiet Lehrbücher zusammen und erst am Ende der Lernphase begann ich mit dem eigenständigen Bearbeiten von Fällen. Durch die Trennung von Theorie und deren Anwendung zur Falllösung verinnerlichte ich den Stoff zumeist nicht richtig. In der Examensvorbereitung fand ich sodann die – für mich – bessere Lernmethode:

1. den Stoff zu einem bestimmten Thema in einem Lehrbuch lesen (ich habe Lehrbücher – mit Ausnahme mancher Nebengebiete – Skripten vorgezogen),
2. Wiederholungsfragen auf Karteikarten festhalten und regelmäßig wiederholen (insbesondere mit einem digitalen Karteikartenprogramm) und

3. ein bis zwei Fälle zu dem jeweiligen Problem bzw. jeweiligen Themenkomplex – bestenfalls innerhalb einer Lerngruppe aus drei bis vier Kommilitonen – lösen und besprechen.

Außerdem hätte ich gerne früher festgestellt, dass ich Vorlesungen oder Übungen bzw. Arbeitsgemeinschaften viel besser folgen kann, wenn ich auf diese vorbereitetet bin. Vor allem ist der Besuch der angebotenen Übungen und Arbeitsgemeinschaften, in denen Fälle besprochen und gelöst werden, dringend zu empfehlen, da diese einem zusätzliche Übung im Gutachtenstil und in der Herangehensweise für das – letztlich im Examen entscheidende – Lösen von Fällen bieten.

Meine Examensvorbereitung umfasste insgesamt anderthalb Jahre. Ich besuchte kein kommerzielles Repetitorium, sondern nahm an den Veranstaltungen des Examensrepetitoriums der Universität Freiburg teil. Neben diesen Veranstaltungen traf ich mich zwei- bis dreimal die Woche mit meiner Lerngruppe für jeweils drei bis vier Stunden. Als Lerngruppe erstellten wir uns zu Beginn einen Lernplan mit nach Themen sortierten Einheiten (jedes Fach erhielt bei uns eine eigene Gewichtung: dem Zivilrecht wurden 1/2, dem Öffentlichen Recht 1/3 und dem Strafrecht 1/6 der Lerneinheiten zugeteilt; die Lerneinheiten wurden dann nochmals unterteilt, wie z. B. das Zivilrecht in den Allgemeinen Teil, das Schuldrecht, das Sachenrecht usw.). In unseren Sitzungen fragten wir uns zunächst gegenseitig Wiederholungsfragen zu den vorherigen Lerneinheiten ab und besprachen zwei thematisch zur Lerneinheit passende Examensfälle, die man problemlos in den verschiedenen Ausbildungszeitschriften auffinden kann. Dabei gab es für die Examensfälle immer einen „Experten“, der die Fälle zuvor gelöst und durchgelesen hatte und in der Lerngruppensitzung die Moderation der Fallbesprechung übernahm. Dieser thematische und fallorientierte Austausch innerhalb der Lerngruppe hat mich enorm vorangebracht. Insbesondere die Möglichkeit, als „Experte“ den anderen Lerngruppenmitgliedern Probleme und Lösungsansätze zu erklären, half mir einschätzen zu können, ob ich den Stoff auch wirklich verstanden hatte. Schön fand ich zudem, dass die Lerngruppe auch eine Sozialgruppe war und damit auch oft „Leidensgruppe“ – man wusste, dass alle denselben Stress durchmachten und konnte sich gegenseitig unterstützen, aber auch mal abends nach den Sitzungen etwas gemeinsam unternehmen.

Der Lernplan hat außerdem sehr dazu beigetragen, Struktur in die Fülle des Examensstoffs zu bringen. In jeder Woche wusste ich, was zu tun war, und konnte mich so von Woche zu Woche „hangeln“. An dieser Stelle ist auch anzuführen, dass der Lernplan drei Monate vor dem schriftlichen Examenstermin endete, ich also zu diesem Zeitpunkt den gesamten examensrelevanten Stoff einmal durchgearbeitet hatte und die letzten drei Monate damit der reinen Wiederholung vorbehalten waren. Die Tageszeiten, in denen ich eher unkonzentrierter war (z. B. häufig die halbe Stunde nach der Mittagspause oder am Abend), nutzte ich zur Wiederholung der fälligen Karteikarten mit dem digitalen Karteikartenprogramm. So hatte ich täglich eine Abwechslung zwischen der Lektüre von Lehrbüchern, der Wiederholung der Theorie und der Vorbereitung für die Lerngruppe. Nebenbei besuchte ich – wie erwähnt – manche der angebotenen Kurse aus dem „Uni-Rep“. Von besonderer Wichtigkeit war auch, dass ich jede Woche eine Examensklausur im Klausurenkurs der Universität geschrieben habe, wodurch ich das gelernte Wissen anwenden und insbesondere auch eine Routine für die Bearbeitung der fünfstündigen Klausuren entwickeln konnte.

Was mir hingegen Schwierigkeiten bereitete, war der Druck durch und die Stimmung unter (einigen) Kommilitonen. Für viele war die Examensvorbereitung eine Qual, weshalb die Stimmung zum Teil (sehr) negativ war. Auch wurde vielfach beobachtet, wer wann in die Bibliothek kommt und wieder geht. Dadurch entstand ein starker „Vergleichsdruck". Um dem Ganzen ein wenig aus dem Weg zu gehen, setzte ich mich zum Lernen auf einen Platz fernab vom Bereich der Juristen und Kommilitonen, an dem ich mich wohler fühlte, und verabredete mich für die Mittags- oder Kaffeepause mit Leuten, die einen nicht „runterziehen" oder mit denen ich auch nicht über Jura reden musste.

Ferner war mir wichtig, mindestens einen Tag in der Woche freizumachen. Auch unter der Woche habe ich – gerade im Sommer – viel mit Freunden unternommen, um nach „Feierabend" noch ein bisschen rauszukommen. Es ist auch vorgekommen, dass ich morgens mal nicht aus dem Bett kam oder erst mittags in der Bibliothek eingetrudelt bin. Am Anfang hatte ich dann immer ein schlechtes Gewissen; doch dann wurde mir klar, dass es vollkommen in Ordnung ist, auch mal unter der Woche zu trödeln oder frei zu machen. Man schafft es dennoch, mit dem Examensstoff durchzukommen. Wichtiger ist es, immer die Balance zu halten zwischen Wohlbefinden und Lernen, denn die Examensvorbereitung ist ein Marathon und kein Sprint. Allerdings würde ich dazu raten, keinen allzu großen Berg an Stoff anzuhäufen, da dies sehr belastend werden kann. Entsprechend sollten daher aber auch „Puffertage" im Lernplan eingeplant werden, um liegengebliebenen Stoff aufzuholen.

Während der Examensvorbereitung hatte ich immer wieder Zweifel an meiner Vorgehensweise – etwa aufgrund schlechter Übungsklausuren. Die mit dem Lernplan geschaffene Struktur sowie die Verantwortung nicht zuletzt gegenüber der Lerngruppe brachten mir aber stets die Motivation weiterzumachen. Ich habe die Examensvorbereitung als eine Art Job angesehen: Jeden Tag aufstehen, seine „To-dos" erledigen und dann wohlverdient in den Feierabend oder das Wochenende gehen.